포스텍
융합문명
연구원

문명과 사회
총서
004

코로나 팬데믹과 문명의 전환

근대 문명에서 생태 문명으로

포스텍융합문명연구원 문명과 사회 총서 004

코로나 팬데믹과 문명의 전환
근대 문명에서 생태 문명으로

초판 1쇄 인쇄 2024년 5월 24일
초판 1쇄 발행 2024년 5월 30일
–

지은이 김환석
펴낸이 이방원

책임편집 배근호 　　**책임디자인** 박혜옥
마케팅 최성수·김 준 　　**경영지원** 이병은

펴낸곳 세창출판사
　　　　신고번호 제1990-000013호 　주소 03736 서울특별시 서대문구 경기대로 58 경기빌딩 602호
　　　　전화 02-723-8660 　팩스 02-720-4579 　**이메일** edit@sechangpub.co.kr 　**홈페이지** http://www.sechangpub.co.kr
　　　　블로그 blog.naver.com/scpc1992 　**페이스북** fb.me/Sechangofficial 　**인스타그램** @sechang_official
–

ISBN 979-11-6684-325-9 　93330

ⓒ 김환석, 2024

포스텍
융합문명
연구원

문명과 사회
총서
004

코로나 팬데믹과 문명의 전환

근대 문명에서 생태 문명으로

김환석 지음

세창출판사

차례

4장

새로운 문명의 모색: 화이트헤드와 라투르

5장

생태 문명을 향하여

1장

코로나 팬데믹과
근대 문명의 위기

1.   코로나19와 '가이아의 침입'

    작년 말 세계기상기구가 발표한 바에 따르면, 지난 7년간 지구 기온은 관측 이래 역대 최고치를 찍었으며, 이는 폭염과 홍수 등을 동반하는 극단적 이상기후와 더불어 녹아내린 빙하로 인해 역대 어느 때보다 높은 해수면 상승이 기록되었다. 또한 2년이 넘게 지속된 코로나19 팬데믹은 2022년 6월 11일 현재 약 5억 4천만 명의 누적 확진자와 633만 명이 넘는 사망자를 기록하고 있다. 더 나아가서 이러한 코로나19 팬데믹의 발생 역시 기후변화로 인한 중국 남부지방의 박쥐 종의 증가가 원인일 수 있다는 과학자의 연구가 작년에 발표되기도 하였다 (Beyer et al. 2021). 이 사실은 기후변화를 해결하지 못하면 인류가 단지 코로나19 외에도 계속해서 다른 팬데믹을 맞이할 수 있다는 경고를 함축하고 있다.

    벨기에의 철학자 이자벨 스탕게르스는 기후변화로 인한 생태계와 인간 문명의 파국적 위기를 '가이아의 침입intrusion of Gaia'이라고 명명한 바 있다(Stengers 2015). 이 때 '가이아'라는 이름은 과학자 제임스 러브록의 유명한 가설에서 빌려 온 것인데, 러브록은 이 이름을 자신의 친구였던 작가 윌리엄 골딩으로부터 얻었고, 이는 기원전 7세기 그리스 시인인 헤시오도스의 고대 우주 창조 신화에 등장하는 한 여신의 이름이었다(러브록 1990). 그러나 이 이름을 들을 때 흔히 그러듯이 우리는 '어머니 자연Mother Nature'과 같은 의인화된 자비로운 여신을 상상하면 안 된다. 그보다 우리는 지구 표면의 모든 생물이 환경과의 복잡한 상호작용을 통해 생물들의 거주 가능성 조건들[1]을 유지해 주는 자기 조절 시스템a self-regulating system을 형성한 것으로써, 공진화하는 수많은 생물과 무생물이 결합한 거대한 괴물 같은 어셈블리지를 상상하는 것이 적절하다. 즉 가이아는 생물과 무생물, 인간과 비인간 사이의 연속성을 발견하게 해 주는 독특한 하이브리드 존재라고 할 수 있다.

근대 문명의 수백 년 동안, 이 살아 있는 지구는 인간 활동의 단순한 배경으로서, 즉 함부로 착취할 수 있는 원자재의 창고이자 우리의 기술 진보가 무한히 그 위에서 펼쳐질 수 있는

---

1   가이아가 조절하는 생물(인간 포함)의 거주 가능성 또는 서식 가능성(habitability) 조건들에는 지구 표면 온도의 조절, 대기 중 산소의 조절, 해양 중 염도의 조절, 이산화탄소의 처리, 생물다양성과 생태계 안정성 등이 있다.

수동적 무대로서, 취급받아 왔다. 그러나 가이아는 인간 활동의 영향을 일방적으로 받아들이기만 하는 존재가 아니라 그것에 반작용하는 자기 조절 행위능력이 있는 능동적 존재이다. 12,000년 전 최후 빙하기의 종말 이후 시작된 홀로세^{Holocene}에는 가이아의 자기 조절 능력이 발휘되어 지구환경이 예외적으로 온화하고 안정되었기 때문에 마치 지구는 인간에게 수동적 객체인 것처럼 여겨졌을 뿐이다. 따라서 1950년대 이후 '인류세^{Anthropocene}'로 불리는 지구 역사의 새로운 시기에 마침내 무대 전면에 등장한 가이아라는 유령은 결코 자본주의의 산업 권력이나 화폐 마술로 쉽사리 추방될 수 있는 순종적 객체가 아니다. 오히려 산업과 화폐는 가이아의 반작용을 더욱 예측할 수 없게 도발할 뿐이기 때문이다.

자본주의 경제학자들이 소망한 바와는 달리, 시장은 지구가 지닌 물리적 및 생물적인 한계와 상관없이 오직 인간 세계 안에서만 작동하는 '영구 운동 기계'와 같은 것은 아니었다. 홀로세 이후 인간의 경제는 언제나 온화한 기후를 포함한 지구 생태계의 은혜에 힘입어 존재하여 왔다. 농업경제건, 산업경제건, 정보경제건 간에, 인간종은 각각 새로운 생산양식을 엄청난 프로메테우스적 창조성을 발휘해 만들어 왔지만, 그 모두를 가능하게 만든 가이아의 지구 생리적 조건들에 대해서 근대인은 점점 더 무지를 드러내고 오만해졌다.

따라서 스탕게르스가 경고한 '가이아의 침입'은 항상 불가피했지만, 그것은 매우 최근까지는 지구 온도 상승, 생물다양성 감소, 그리고 가이아의 되먹임 고리들feedback loops을 자세히 보여 주는 기후과학의 복잡한 데이터 집합과 컴퓨터 시뮬레이션을 통해서 오직 과학적으로만 해명할 수 있는 것으로 남아 있었다. 그런데 21세기 말까지 예측치를 확장하니까, 온실가스 방출을 줄이고 기타 생태적으로 지속 불가능한 관행들을 되돌리는 데 실패할 경우 우리가 맞이할 파국에 대한 경고가 나타나게 되었다. 최근에 일어난 기후변화의 현상들 즉 심각한 가뭄, 산불, 태풍, 폭우의 증가에 대해 인류가 불안을 느끼기 시작했지만, 그래도 아직 문제를 해결할 수 있는 시간은 남아 있다고 자위하였다. 그러나 2020년 초 코로나19 팬데믹의 급작스러운 출현과 더불어, 생태 위기의 충격은 이전에 비해 눈덩이처럼 커지고 가속화되었다. 기후변화가 전개된 수십 년의 경고 기간 후에 코로나19 팬데믹이 갑자기 출현하자, 이제 인간 문명을 지구 생태계의 요구에 맞도록 근본적 전환을 하는 일은 더 이상 선택사항이 아니게 되었다. 즉 "우리는 더 이상 아무 선택도 할 수 없다. 가이아가 기다려 주지 않기 때문이다."[2]

코로나 팬데믹 직전만 하더라도 평소와 같은 일상생활의 소

---

2   Isabelle Stengers, 앞의 책, p. 50.

음과 연막 뒤에서 안전하게 숨겨져 거의 지각할 수 없던 위협으로서 남아 있던 '가이아의 침입'은 이제 마침내 근대의 인간 문명 전체를 무릎 꿇게 만든 것이다. 예컨대 코로나19 바이러스가 야기한 즉각적인 공중 보건 위협은 그 자체가 잠재적 파국이지만, 그로 인해 자본주의 시스템이 요구하는 생산과 소비의 증가를 세계가 지속할 수 없게 되면서 나타나는 경제적 충격의 위협은 한층 더 심각하기 때문이다. 1972년 로마클럽의 『성장의 한계』에서 예측하였던 인간 문명의 파국은 50년 후에 마침내 눈앞의 현실로 다가온 것으로 느껴지고 있다.[3] 과연 이런 파국을 피할 길이 있을까?

2. 코로나 팬데믹이 나타내는 가이아의 상태

코로나19는 단지 질병의 공포와 고통만을 야기한 것이 아니

---

3   Herrington은 2021년의 논문에서 『성장의 한계』가 예측한 시나리오는 오늘날의 세계 현실과 대체로 부합한다고 50년간의 경험적 데이터 분석을 통해 보여 준 바 있다 (Herrington 2021).

다. 왜냐하면 그것은 이미 지구적 차원에서 우리의 마음 상태와 생활 스타일에 변화의 충격을 가져왔기 때문이다. 코로나 19가 우리의 행성인 지구의 가이아가 병들었다는 분명한 징후이며 인간의 지구파괴에 대한 경고를 나타낸다는 더욱 중요하다(Lovelock 2021). 우리는 가이아에 대하여 그것이 '초유기체'냐 아니냐는 논란(Boston et al. 2004)이나 오늘날 가이아가 '복수'를 하는 것이라는 목적론적 주장(Lovelock 2007)에 다시 눈을 돌릴 필요는 없다. 우리가 두려워 해야 할 것은 인간이 지구에 행해온 체계적이고 장기적인 충격들이, 마치 우리의 위험한 장기적 습관이 신체의 건강을 해치는 것과 마찬가지로, 인류의 근대 문명과 생활 스타일에 도전하고 있으며 또 앞으로 계속해서 그럴 것이라는 사실이다(Cazzolla Gatti 2018).

수백만 년 동안 지하에 저장되어 온 탄소를 단지 수백 년에 걸쳐 우리가 대량 방출하는 것, 산림과 해양의 생태계를 파괴하여 그 통합성과 회복 능력을 위협하는 것, 지구의 가장 먼 지역조차 오염시키는 도시화의 증대, 그리고 세계의 생물다양성을 6차 대멸종으로 이끄는 비인간 종들에 대한 엄청난 압력 등은 지구 시스템을 손상하고 인간종에게 위험한 피드백(즉 부정적인 적응의 반작용들)을 촉발할 수밖에 없기 때문이다.

한마디로 표현하자면, 우리는 지구 행성의 한계에 비해 너무 인구가 많고, 너무 자주 여행하며, 너무 많이 소비하고 있다

(록스트룀 & 가프니 2022). 이런 조건들은 생태계에서 인구 증가는 환경의 수용 능력에 의해 제한되고 과잉인구 지역에서 더 쉽고 빠르게 전파되는 감염병에 의해 위협을 받게 만든다. 따라서 코로나19가 (아직 그 기원에 논란은 있지만) 중국의 과잉인구 도시에서 인간-동물 관계로 인해 발생했다고 보는 것은 결코 이상한 우연이 아니다(Poon & Peiris 2020). 해산물, 박쥐 또는 야생동물고기 사이의 상호작용이 이 바이러스의 출현을 가져왔느냐는 것에 대해서는 아직 분명치 않지만, 그것이 동물에서 인간으로 건너왔다는 점에 대해서는 대부분의 과학자가 동의한다. 다른 많은 감염병이 비슷한 경로를 밟았는데, 예컨대 HIV는 침팬지 고기의 소비가 전염시켰을 가능성이 높고, 말라리아와 뎅기열은 산림파괴와 기후변화에 매우 민감하며, 수막염은 오랜 가뭄 뒤에 전파되는 등 인간의 야생동물 서식지에 대한 과잉 파괴가 새로운 위험 질병의 갑작스러운 출현을 촉진하기 때문이다.

세계 인구의 중단없는 성장과 개인들의 신속한 이동 분산과 연관된 이 모든 것이 팬데믹을 위한 완벽한 조건을 창출한다. 우리가 가이아를 아프게 만들면 역으로 가이아는 우리를 아프게 만들며, 이것은 가이아의 자연적인 부정적 피드백이다. 평소처럼 우리는 더 효율적인 예방을 위한 시간이 있었지만 그걸 무시한 채 일단 증상들이 나타나야 그것을 돌보려고 한다.

따라서 일단 발생한 코로나19의 증상을 치료하기 위해 우리는 모든 노력을 바쳤지만, 빨리 우리가 국가 정책과 개인적 생활 스타일을 근본적으로 바꾸지 않으면 코로나19보다 더 나쁜 사태들이 가이아의 문 뒤에서 인류를 기다리고 있을 것이다.

이번 사태를 볼 때 인간의 책임은 명백하다. 코로나19가 출현한 후 몇 달 동안 중국은 온실가스 배출을 25% 감축했는데, 이는 2019년 배출 수준과 비교하면 2억 톤 이상의 이산화탄소를 줄인 것이다. 차량 교통과 중공업이 집중된 중국의 대도시들에서 전형적으로 나타나는 이산화질소와 미세먼지도 약 40%가 감소하였다. 전 세계적으로 항공 여행이 급격히 감소했는데, 항공 여행은 전체 온실가스 배출의 3~4%를 차지하기 때문에 이러한 변화는 대기 정화에 큰 영향을 미칠 수 있다. 또한 코로나19가 사람들을 집에 머물고, 차를 차고에 두도록 만들며, 쇼핑을 줄이고, 에너지와 자원을 절감하게 만들기 때문에, 석유 수요도 크게 줄어들었다.

코로나19의 세계적 확산으로 인해 경제성장률은 1/2로 줄어들 거라고 OECD는 예측하였다. 이것은 세계 경제에는 나쁜 소식일지 모르지만, 가이아에는 사실상 만병통치약이 될 수 있다. 그러나 역으로 여행과 소비 및 에너지 수요의 감소는 기후변화 해결의 노력에 투입해야 할 돈과 정치적 의지를 제약할 수도 있다. 하지만 경제가 그 어리석은 성장을 재추진하자마자 탄소배출은 다시 오를 것이다. 우리는 삶을 위해 여행하고, 재생산하며, 소비하는 일을 멈출 수는 없지만, 이제는 그것을 지속 가능하며 윤리적인 방식으로 해야만 한다. 인구와 더불어 경제는 지금처럼 무한정 성장을 지속할 수는 없다. '지속 가능한 발전'의 신화는 자신의 멸종을 위한 조건을 창출한 인간 종이 자신을 위협하는 행성에서 결코 지속될 수 없다. 우리는 오직 지속 가능한 방식으로 탈성장을 추구함으로써 질적 성장을 위한 열린 공간을 창조해야 한다.

　지속 가능한 탈성장과 질적 성장은 아직 환상적이고 유토피아적인 아이디어라고 보일지 모르지만, 사실 그것은 많은 사람들이 코로나19의 강제적 절제 기간에 경험했다. 즉 인류는 집에서 가족과 함께 더 많은 시간을 보내고, 텔레워킹을 통해 사무실로 통근하는 시간을 줄이며, 시간에 더 많은 가치를 두고, 가치에 더 많은 시간을 바치고, 자연으로 돌아가서 먹을 것을 키우는 일과 같은 창조적인 작업에 보다 많은 시간을 쓰는 등 느린 삶의 즐거움을 재발견할 수 있었다. 인류는 또한 팬데믹으로 위험한 세계에서 값싸고 오염되어 있는 물건들을 사고 쌓아 둘 필요가 없으며, 지역적 기반으로의 비상착륙 기간에는 지역의 식품점과 생산물이 유일한 구명조끼라는 것을 이해할 수가 있었다. 절제의 시간 동안 우리가 불가피하다고 생각했던 예전 필요와 습관은 대부분 단지 사소한 것이었음을 깨

달을 수 있었다. 그런데 우리 각자에게 사소한 것을 수십억 명으로 곱하면 가이아에는 심각한 위험이 된다. 예컨대 물고기를 생각해 보자. 전 세계에 있는 뷔페식 음식점들에서 초밥을 맛보기 위하여 우리는 정말 지구의 반대편에 있는 바다에서 어획량을 초과 착취할 필요가 있을까? 팜유에 대해서도 생각해 보자. 우리는 고작 차에 기름을 채우고 정크푸드를 먹기 위해 동남아시아의 숲과 그 대체 불가능한 생물다양성을 위협할 필요가 있을까? 오늘날 그 대답은 우리와 가까이 있는데, 그건 우리가 결코 그럴 필요가 없다는 것이다. 우리는 이러한 불필요한 '특권들' 없이도 살 수 있으며 이것은 우리의 삶에 엄청난 제약도 아닐 것이지만, 우리의 지구를 위해서는 엄청난 위험을 덜어 줄 것이다.

이 팬데믹 상태는 인간의 활동과 웰빙이 지구환경의 건강에 크게 의존하며 생태계의 기능과 서비스에 깊게 통합되어 있다는 걸 우리가 분명히 깨닫게 해 주었다. 천연자원의 지속 가능한 이용을 보다 잘 다루기 위하여 우리는 생태적 및 경제적 시스템들을 우리가 모델링하고 관리하는 방식을 재고할 필요가 있다. 천연자원을 우리가 관리하는 방식의 생태적 결과를 예측하는 능력이 이제는 정책과 의사결정에서 핵심 사항이 되었다. 과거에는 생태적 모델이 종종 그런 예측에 기여하지 못했지만, 이제는 그런 모델을 실천적 적용에 사용하는 것이 절박하게 되었다. 지구환경의 악화와 연계된 현재의 감염병 위기는 무분별한 착취와 잘못된 관리가 생태계와 다른 종들 그리고 우리 사회에 해를 미칠 수 있다는 것을 우리에게 보여 주었기 때문이다. 오늘날 인류는 인간 유발적 영향들에 생태계가 어떻게 반응하는지를 예측하는 데 이용되는 여러 가지의 모델링 접근(예: 머신러닝, 기계적 모델, 통계적 모델 등)을 갖고 있다. 그럼에도 불구하고 경험적 데이터와 현장 타당성으로 지지가 되지 못하는 이론적 모델들은 종종 낮은 예측 가능성을 초래하여 자연의 파국적 악화와 생태적 모델의 실제 효용성에 대한 오해를 초래하곤 하였다.

이론생물학과 현장 생물학, 생태적 모델링, 환경정책 결정가, 그리고 연구·교육·정치·보건 기관들의 지식을 융합하는 초학제적 전일론적 접근은 지구 시스템에 대한 인간의 충격을 줄이고 가이아 안에서 보다 지속 가능하게 사는 우리의 역량을 향상시켜 줄 것이다. 보다 향상되고 신뢰할 수 있는 생태적 모델링은 생물다양성을 보다 잘 보호하고, 멸종위기종의 서식지를 보전하며, 생태계 서비스를 평가 및 보존하고, 산림파괴와 과잉 어업을 감소시키며, 공기와 물 그리고 토양의 오염을 줄이고, 기후변화에 적응하며, 인간 종의 건강을 향상시켜서, 우리가 야생동물과 생태계를 잘못 취급하여 초래된 바이러스와 박테리아의 팬데믹 위험을 감소시켜 줄 것이다. 경제성장과 환경착취를 과거처럼 재개해야 한다는 것은 우리의 운명이 아니다. 우리는 가이아로부터 코로나19를 통해 경고 메시지를 받았는데, 그것은 인간이 지구에서 살아온 모든 과정에서 가장 강하고 분명한 성격을 띤 경고이다. 따라서 만일 우리가 그것을 무시한다면 우리는 오직 자신을 탓해야 할 것이다.

3. 가이아의 침입과 근대 문명의 종말

마르크스주의 철학자인 프레드릭 제임슨은 언젠가 "자본주의의 종말을 상상하는 것보다는 세계의 종말을 상상하는 것이 더 쉽다"(Jameson 2003: 76)라고 말하였다. 제임슨의 말은 원래 다음과 같은 질문 형태로 브루스 프랭클린이 말한 것을 빌려 온 것이었다. "만일 우리가 자본주의의 종말을 인간세계의 종말이 아닌 시작으로 상상할 수 있다면, 우리 인간종은 무엇을 창조할 수 있을까?"[4] 인류가 자신의 발밑 땅으로 너무 오래 당연

---

4   프랭클린(H. B. Franklin)의 1979년 글 "What are we to make of J.G. Ballard's Apocalypse?"은 다음에서 찾을 수 있다. https://www.jgballard.ca/criticism/

시해 왔던 가이아에게 무릎을 꿇을 만큼 낡은 세계가 위기에 처해 있다면, 우리 인간종은 운명적인 결정을 해야 할 것이다. 과연 우리는 나오미 클라인이 '재난 자본주의'(Klein 2007)로 부른 것과 같이 또 한번 시장의 신에게 기도를 계속할 것인가 아니면 보다 오래된 신 가이아에게 호소할 것인가?

마르크스주의자에게 신에게, 특히 가이아처럼 신비주의적 성격이 남은 신에게 호소하는 것은 이데올로기로 여겨질 것이다. 왜 우리가 자본주의의 족쇄를 끊고 나와서 단지 새로운(또는 오래된) 대중의 아편에 굴복하란 말인가? 더 나아가서, 이렇게 외부의 자연력 침입에 따른 인간 정치경제의 위기라고 우리의 현 상황을 묘사하는 것은, 롤랑 바르트가 50여 년 전에 "부르주아지는 세계의 현실을 세계의 이미지로, 즉 역사를 자연으로, 변형시킨다"(Barthes 1993: 141)고 경고한 과정의 교과서적 사례라고 볼 수도 있다. 바르트에 따르면 이것은 바로 "신화의 원리로서, 역사를 자연으로 변형시키는 것이다"(ibid.: 129).

그러나 가이아는 자본주의자와 마르크스주의자가 함께 서명한 '근대적 헌법Modern Constitution'[5]이 인식할 수 있는 어떤 형태로도 등장하지 않았다. 이 '근대적 헌법'에서는 인간 사회와

ballard_apocalypse_1979.html

5   기본적으로 자연/사회의 이분법을 가리키는 이 '근대적 헌법'의 개념에 대해서는 브뤼노 라투르의 책 *We Have Never Been Modern*(1993)을 참고할 것.

비인간 자연 사이에 존재론적 분리(즉 데카르트 이원론)를 전제하면서, 전자는 인간 자유의 역사적 실현으로서 그리고 후자는 그런 자유가 정복할 단순한 물질로서 가정하였다. 마르크스는 "만일 인간이 환경에 의해 형성된다면, 그 환경은 반드시 인간적인 것이 될 것이다"(Marx 1997: 103)라고 썼다. 마르크스의 변증법적 유물론조차 가이아의 비근대적non-modern 생성 양식에 대해 둔감했던 것이다. 가이아는 근대인들이 생각하는 '환경'이 아니고 심지어 '자연'('사회'의 이항 대립항)도 아니다. 가이아는 인간의 역사적 기획에 수동적으로 피해를 당하는 객체가 아니다. 또한 가이아는 우리의 조상들이 상상했던 고대적 형태로 나타난 것도 아니다. 즉 가이아는 자연적인 것도 신비적인 것도 아니다. 브뤼노 라투르의 정의를 사용하자면, 가이아는 지구 역사적 하이브리드이다. 라투르는 우리에게 가이아를 어떤 초월적 신비 또는 내재적 자연의 통일체로서 대할 것이 아니라, 구체적이고 지구 예속적인earthbound 존재로 인간이 귀환할 것을 호소하는 자로서 대하기를 요청하고 있다. 즉 가이아는 우리가 그러한 것과 마찬가지로—또는 우리보다 더— 역사적 행위자라는 것이다.

그런데 현재도 진행 중인 코로나19 위기가 예시하듯이, 근대성이 수백 년 동안 자랑스럽게 무시해 온 우리의 괴상한 생물학적 이웃들과 평화롭게 잘 지내는 방법을 찾아내는 것은 쉽지 않을 것이다. 이 새롭고도 오래된 가이아의 현실 속에서 인간이 생존하는 것은 우리의 정치적, 종교적, 과학적, 예술적 형식의 재상상을 요구하기 때문이다. 우선 우리의 '사회' 개념이 비인간을 포함하도록 확대되어야 할 필요가 있다. 시간 자체도 새롭게 정의될 필요가 있는데, 역사는 항상 종말이 있고 신화는 끝없이 시작되며 창조는 영원히 진행되기 때문이다. 우리 인간은 교환에 앞서서 이윤과 손실을 계산할 능력이 있는 합리적 동물이 아니다. 우리는 본질적으로 토지의 '주인'이나 사유재산의 '소유자'가 될 수 없다. 우리는 그저 다른 모든 생물과 마찬가지로 동일한 대기에 의존하여 공진화하는 피조물로서, 땅을 비옥하게 하는 박테리아, 벼와 과일나무들, 꽃을 수정시키는 벌들, 기타 모든 식물 및 동물과 더불어 일종의 '친족kin'을 이룬다고 볼 수 있다.

가이아 친족의 구성원 즉 '가이안Gaian'이 되는 것은 우리 자신을 '단지' 생물학적 유기체로 재발명하는 문제가 아니라, 신과 같은 우리의 프로메테우스적 야심(화성도 식민화하고 자본주의화할 수 있는 것처럼 모든 유한한 지평을 벗어나서 또 한번 항해하려는)을 버리고 하늘 아래 여기 지구에 겸손하게 정착하는 것을 배우는 것이다. 근대적 세계관의 이원론과는 반대로, 자본주의 경제는 영구 운동 기계처럼 자신의 물질적 조건을 벗어나서 항해할 수는 없다. 디지털경제를 선도하는 대표적 자본가들인 제프 베이조스와 일론 머스크가 말한 것과는 반대로, 인간종은 우주 자본주의를 향한 운명을 타고난 것이 아니다. 마르크스의 주장과는 달리 자본주의에서도 견고한 모든 것이 공기 속으로 녹아 사라지는 것은 아니다. 예컨대 심지어 우리 디지털 경제의 토대인 '클라우드'도 보이지 않는 그 네트워크를 가동하기 위해선 초냉각 서버 팜과 해저케이블에 의존하고 있다.

마르크스와 엥겔스는 자본주의의 변증법적 극복을 마침내 추진할 특수한 역사적 조건(즉 '가이아의 침입')을 예견할 수는 없었다. 그러나 그들은 자본주의가 지구 전체의 표면에 걸쳐 시장을 확대하고 모든 곳을 연결하여 마침내 우리 각자가 우리 삶의 현실 조건과 우리와 타인과의 참된 관계를 온전히 마주하게 할 것으로 예측하였다. 지금의 행성적 위기 이전에는 우리 삶의 조건과 우리가 공유한 취약성이 이렇게 분명히 드러났던 적은 없었다. 아직도 수천만 명의 사람들이 의료 지원이 필요하고 수억 명이 경제적 구명줄이 필요하다. 우리의 사회적 거리두기와 문화적 다양성에도 불구하고 모든 인류는 오늘날 공통의 적에 대항해 단결해야 한다. 하지만 이때 적은 누구인가? 코로나19 바이러스인가? 우리가 더 이상 근대주의적이 아니라면, 마치 '자연'이 우리에 대항해 이 미생물 군대를 보내기라도 한 것처럼 우리는 그렇게 쉽사리 우리 자신을 이 바이러스 행위자로부터 분리해 낼 수가 없다. 아마도 결국은 '우리'가 그 바이러스일지도 모르며, 아마도 코로나19는 가이아의 항체일지도 모른다고 누군가는 주장한다. 하지만 이는 난센스이다. 그런 것이 아니라 우리 인간도 역시 가이안의 한 종이라고 나는 생각한다. 다만 우리가 이 지구행성에서 보다 겸손하게 거주하는 법을 배우기만 한다면 우리 역시도 이 행성에 정당한 자리를 지닌 존재이기 때문이다.

2장

코로나 팬데믹이 나타내는
가이아의 상태

1.   인간 중심주의와 이원론

인간^{human}이란 무엇인가? 이것은 결코 근대의 질문만은 아니었지만, 그것은 근대성이 자신의 시대를 규정하려 할 때 스스로 묻고 답한 질문이다. 그러나 그 답은 처음에 보면 이해하지 못할 만큼 복잡하다. 하나의 역사적 시대로서 구체적으로 이해할 경우, 근대성은 인간 존재에 대해 어지러울 정도로 다양한 시각들을 보여 주었는데, 예컨대 계산적인 이기적 행위자로부터 자유 투사까지 그리고 일차원적 인간으로부터 '초인'에 이르기까지 인간관이 매우 다양했다. 그러한 서사들로부터 인간성의 어떤 단일한 담론을 이끌어 낸다는 것은 가망 없는 시도일 것이다. 따라서 우리는 먼저 근대성을 특정한 '사건들'로 채워진 일정한 역사적 시기로서가 아니라, 어떤 질서의 형태 즉 어떤 존재론적 및 인식론적 형성체로서 이해하는 것이 필요하다. 즉 역사적 사건들의 장에서 발생한 것으로부터 출현했고 또 그러한 사건들을 깊이 조건화하고 구조화한 어떤 것, 우리를 시공간 속에서 보고 알며 존재하게 한 상호연관된 방식들의 어떤 결합체로서 근대성을 이해하는 것이다. 그렇게 하면 근대성에서 인간이란 무엇을 뜻하는지 묻는 것이, 또는 다른 말로 하자면 근대성을 구성하는 질서화 과정들 속에서 '인간'이란 범주의 역할에 대해 탐구하는 것이, 비로소 가능해지기 때문이다.

이 면에서 나는 가장 중요한 것은 인간이란 무엇인가라는 '질문' 자체의 중심성이라고 주장하고 싶은데, 왜냐하면 근대적 담론의 다양성을 통일시켜 주며 그들의 외견적 차이 밑에 깔린 통일성을 가리키는 것은 바로 사물들 속에서 인간성의 위치를 최우선으로 몰두하는 근대인들의 자세이기 때문이다. 인간이란 무엇인가? 근대성은 매우 많은 답을 제시해 왔지만, 그것들은 결국 이 동일한 질문에 대한 답이었다. 이런 의미에서 모든 근대적 담론들은 인간성의 담론이라고 이해할 수 있으며, 따라서 근대적이라는 것은 우주에 대해 인간 중심적 견해를 갖는 것이라고 할 수 있다. 근대적 담론들에서 인간 존재는 모든 의미와 가치의 원천, 모든 행위의 주체, 존재 자체의 태풍의 눈이라고 찬양되어 왔다. 순전한 우연이나 무관심한 우주 안에서 진화적으로 발생한 사고가 아니라, '인간'은 모든 사물의 척도이고 세계는 단지 인간 행위의 무대라고 간주되어 왔다.

　나는 이러한 세계관을 인간주의humanism 또는 인간주의 담론이라고 부르고자 하는데, '인간 중심주의anthropocentrism'란 용어는 이미 그 안에 부정적 의미를 함축하고 있기 때문이다. 즉 후자는 인간만을 중심으로 보고 비인간non-human의 중요성을 무시하는 반면에, 전자는 인간성을 찬양하는 긍정적 측면의 사유방식을 보다 잘 나타낸다고 여겨진 것이다. 그래서 사람들은 자신을 인간 중심주의자라고 부르지는 않겠지만, 자신이 인간주의자라고는 기꺼이 부를 것이다. 따라서 나는 인간주의라는 보다 긍정적 용어를 여기서 사용하고자 하는데, 그것이 나의 비판적 관점을 보여 주는 데 보다 넓게 적용되고 또 인간주의가 인간성의 교리로서 스스로를 바라보는 단지 인간 중심주의에 불과함을 보여 주는 데 더 좋기 때문이다.

　만일 인간주의가 인간성의 교리라면, 그것은 또한 인간성의 '타자들'에 대한 교리일 것이다. 인간을 세계의 중심에 놓을 수 있으려면, 우리는 먼저 인간을 세계로부터 분리하여야 한다. 그러므로 인간주의는 인간성과 그 타자인 '비인간' 사이에 본질적 구분을 하는 것에 의존한다. 이 비인간이란 단어는 그 논리가 알맞게도 인간 중심적인데, 왜냐하면 그것은 인간의 독특함을 가정함으로써 '비인간'이라는 동질적 범주(인간 이외의 모든 다양한 존재들이 마치 동질적 성격을 지닌 것처럼 취급하는 범주)가 어떻든 의미 있는 것처럼 만들어 주기 때문이다. 이러한 분할은 많은 형태를 취하지만, 아마도 가장 기본적이고 지속적인 것은 주체-객체 이원론subject-object dualism일 것이다. 이러한 이원론은 고대 그리스부터 서구의 존재론을 구조화해 왔고, 근대성의 토대를 이룬다고 해도 과언이 아니다. 인간은 주체지만 비인간은 객체라고 그것은 우리에게 말하며, 이러한 본질적 차이로부터 나머지 모든 것이 따라온다. 사실상 이 이원론의 양쪽은 상호 구성적이어서 인간 주체를 세계의 나머지와 분리하는 것 자체가 모순적이다. 즉 '주체'는 그 주체성subjectivity으로 환원될 수 없는 세계에서만 비로소 주체로서 존재할 수 있다. 반면에 '객체'는 주체에 의해 그렇게 인식될 때만 분리된 객체로서 (즉 분리 불가능한 유동체의 일부가 아니라 사물 자체로서) 존재할 수 있다. 그러나 인간주의 담론은 이러한 변증법적 상호관계를 억압하고 그것을 비대칭적인 이원론으로 만들며 인간과 비인간을 공약 불가능한 것으로 각인시켜서, 마치 그들이 각각 실재의 상이한 존재론적 영역 또는 부문에 속하는 것처럼 만든다. 그리고 나면 이것은 인간성을 높이고 중심에 자리 잡게 만드는 반면에, 그 필연적인 타자—그 존재의 조건 자체—인 비인간은 주변화되고 수동적 존재로 간주되어서 '맥락'(즉 인간 주체가 서 있는 단순한 마당)의 지위를 부여 받게 되었다.

바로 이것이 데카르트가 주장한 정신/육체 또는 정신/물질의 이원론으로서, 이 철학은 많은 비판을 받았지만, 아직도 매우 교묘한 방식으로 놀랍도록 끈질기게 지속되고 있다.[6] 그 중심적 주장은 모든 인간이 '정신mind'과 '의식consciousness'을 소유하고 있는 반면에 모든 비인간은 그런 것을 소유하고 있지 않다는 것이다. 따라서 비인간은 사물 자체로서 단지 존재하는 반면에, 인간은 단지 존재할 뿐만 아니라 생각도 한다. 즉 우리는 의식을 지니며 우리 자신이라는 자의식을 지니고 있다. 이것은 본질적으로 종교적인 생각인데, 왜냐하면 '정신'을 그 물질적 체현으로부터 떼어 내서 일종의 비물질적인 실체로 간주함으로써 데카르트적 이원론은 인간의 '영혼'이란 관념을 비록 세속적인 형태긴 하지만 결과적으로 영혼을 유지하는 것이기 때문이다. 생각하는 육체, 인지적 유기체로 환원될 수 없으며 물질과 자연의 세계로부터 우리를 스스로 분리하도록 만드는 이 무형의 형이상학적 사물은 그것 말고 과연 무엇이란 말인가? '영혼'과 마찬가지로, '정신'도 물론 그와 같이 존재하지 않는다. 만일 우리가 자신의 머리를 절개해 보면 우리는 오직 두뇌만을 발견하는데, 이는 곧 절개할수록 더 많은 육체, 더 많은

---

6   데카르트의 이원론을 비판하고 일원론의 관점에서 세계를 설명하고자 한 것이 스피노자와 라이프니츠였지만, 근대 사상의 주류를 이룬 것은 데카르트의 철학이었다. 일원론은 타르드가 사회학의 기초로 삼았으나 뒤르켐 사회학이 주류가 되면서 잊혔고 (Candea, 2010; 타르드, 2015), 20세기 후반에 이르러서야 들뢰즈와 라투르 등에 의해 새롭게 조명을 받고 부상하였다(Fox & Alldred, 2017). 근대 철학에서 이원론과 일원론의 대립에 대해서는 박삼열(2010)과 김은주(2015)를 참고할 것.

물질, 더 많은 자연을 발견할 뿐이라는 말이다. '정신'이란 우리가 우리의 경험적 실천에서 존재한다고 부여한 우리 언어의 한 범주일 뿐이다. 물질의 존재론적 타자로서 일종의 비물질적 실체라고 간주할 경우, 정신은 근대적 인간주의의 세속적 '영혼' 역할을 하는 오직 이론적 관념일 수밖에 없다.

이것은 또한 단지 지성사의 문제인 것만도 아니다. 그것은 하나의 사회-문화적 형성체로서의 근대성을 이루는 핵심 자체에 해당하여, 근대성의 과학, 근대성의 경제, 근대성의 정치 밑에 깔린 존재론적 건축물이다. 따라서 비록 데카르트가 널리 도전받고 의심받아 왔을지도 모르지만, 그가 그렇게 강력한 표현을 제공한 사유와 관찰과 존재의 획기적 방식은 그리 쉽사리 거부될 수 없었던 것이다. 그것은 이미 다양한 다른 형태들(인식적, 물질적, 정치적)로 스며들어 간 지 오래되었고 이 모두는 그 기본적인 이원론과 인간 중심적 존재론을 바탕으로 삼았기 때문이다. 이러한 분할은 사물의 질서에 자연스럽게 주어져 있는 어떤 것으로서 변경 불가능한 하나의 확고한 사실fact로 여겨졌기 때문에, 어떤 다른 방식으로 세계를 인식하기 위해서는 이미 사회 물질적 질서로 굳어진 근대성과 우리가 투쟁해야만 하였다.

인간 중심주의에 도전은 이러한 상식, 이렇게 깊이 자리잡은 인간/비인간 이원론 거부를 뜻한다. 그러나 나는 이러한 거부가 한 존재론에 대항해서 다른 존재론을 주장하면 되는 문제라기보다는, 먼저 근대성의 기초를 이루는 이원론의 구성적 과정에 조심스럽게 주의를 기울여야 할 문제라고 주장하고 싶다. 왜냐하면 우리가 인간주의 담론과 그것이 세계를 두 개의 공약 불가능한 영역으로 분할하는 것에 의문을 제기하자마자, 이러한 분할은 사물의 본성에 그냥 주어져 있는 것이 아니라 인간과 비인간이 철저하게 그리고 상호구성적으로 얽히는 세계와 맞서서 근대인이 끊임없이 재구성해야만 할 일, 즉 원래 주어져 있기는커녕 엄청난 노동이 만들어 낸 믿기 힘든 산물이라는 사실이 분명하게 드러나기 때문이다. 이 면에서 근대성은 인간주의 담론을 끊임없이 재각인하고 예증하는 과정들의 전체를 가리킨다고 이해할 수 있다. 이 과정들은 은유가 아니라 실재이며, 존재론적인 동시에 물질적이다. 그것은 궁극적으로 재생산의 과정들인데, 왜냐하면 인간과 비인간의 분할은 하나의 질서 형태로서의 근대성이 존재할 수 있는 조건이며 그 지속적인 정합성과 권위에 필수 불가결하기 때문이다. 즉 그것은 근대성이 그로부터 끊임없이 재탄생되는 분화구 같은 것이다.

인간주의 담론은 매우 많은 표현 형태를 지니기 때문에 그렇게 널리 퍼져 있다고도 볼 수 있다. 인간과 비인간의 본질적 차이에 대한 인간주의 담론의 가정은 많은 보조적이고 연관적인 이분법들을 파생시켜 왔다. 그리고 이러한 분할들은 근대적 지식의 건축물을 구성하는 요소들이다. 이것이 왜 사회과학에서 인간/비인간 이원론의 역할이 오직 비교적 최근에서야 문제시되기 시작하였고, 그것도 오직 부분적으로만 그리고 사회과학의 급진적인 주변 분야들(예컨대 환경 사회학, 인간-동물 연구, 페미니스트 기술 과학, 하이브리드 지리학, 행위자-연결망이론 등)에서만 그렇게 되었는가를 설명하는 데 도움이 된다. 유의미하지만 아직 상대적으로 비주류에 속한 이러한 흐름을 넘어서면, 인간/비인간 이원론은 다양한 모습을 취하지만 준보편적인 문화-자연 이분법에 따라 거의 완전히 당연한 것으로 수용되어 왔다.

이러한 이분법의 중요성은 아무리 강조해도 과언이 아니다. 그것은 사회과학 지식의 발전을 깊이 형성하는 역할을 해왔다. 그러나 그것은 결코 사회과학에만 특수한 것은 아니다. 사회과학은 인간을 비인간으로부터 체계적으로 분리하는 훨씬 더 광범위한 실천에 공모하는 역할을 해 왔을 뿐이다. 즉 사회과학은 인간주의 담론에 대해 자기도 모르게 하인 역할을 해왔다. 하지만 자연과학 역시도 여기 관여해 왔는데, 사회과학과 인문학이 자연과학에 지니는 관계는 문화가 자연에 지니는 관계와 동일하기 때문이다. 지식 영역들을 나누는 근대 학문의 중요한 경계는 사실상 인간주의 담론의 문화-자연 이원론에 의해 근본적으로 구조화된다. 그러므로 아래에서 이러한 이원론에 대해 보다 자세히 살펴보고자 한다.

---

2. 문화 vs. 자연

'문화'란 관념은 사회과학 학문의 대상, 방법, 원리를 개념화하는 데 매우 중요하다. 그러나 사회과학 학문은 문화를 당연한 사실로 간주하면서 출발하기 때문에 문화가 무엇인지를 우리에게 설명하지 않는다. 예컨대 사회인류학은 스스로를 무엇보다 문화들과 문화적 차이에 대한 연구라고 정의하지만, 문화 자체를 어떤 주어진 것 즉 인간의 세계-내-존재로서 취급하는 경향이 있다. 이것은 자기 확증의 문제인데, 왜냐하면 문화는 단지 인류학적 지식의 대상일 뿐만이 아니라 그것의 가능성의 조건이기도 하기 때문이다. 즉 인간 존재의 문화적 성격은 사회인류학의 원리 자체를 제공한다는 것이다. 문화사회학의 경우에도 비슷하다. 문화사회학은 사회생활의 문화적 성격 또는 더 넓은 '사회적'인 것 안에서 적어도 문화적 영역의 존재를 미리 가정한다. 그러므로 이들 학문은 문화란 범주의 정합성에 이해관계를 지니지 않을 수가 없다. 그들의 정당성 자체가 이 존재론적 틀의 재생산에 달려 있기 때문에 그들은 중요한 이해 당사자이다. 그렇다면 과연 '문화'라는 이 관념 밑에 깔린 중심적 아이디어는 무엇인가?

궁극적으로 그것은 일종의 본질적 차이의 가정에 의존하고 있다. 즉 그것은 자연적 현상과 문화적 현상이라는 두 종류의 현상이 존재하며, 이 양자는 공약 불가능해서 비슷한 용어로는 결코 이해될 수 없는 매우 다른 성격을 지닌다고 가정한다. '문화'는 항상 그리고 궁극적으로 자연이 '아닌' 것, 즉 자연의 '타자other'라고 간주한다. '사회' 또는 '사회적인 것'이란 용어가 선호되는 분야에서는, 어떤 면에서 상이한 의미의 뉘앙스가 포함될 수는 있지만, 역시 동일한 타자화 과정이 작동한다. 즉 사회와 문화는 자연이 아니며 비인간의 영역과는 구분되는 인간만의 영역이라 간주한다. 이것은 존재론적인 동시에 인식론적인 주장이다. 즉 세계 자체가 두 가지의 공약 불가능한 영역들로 근본적으로 분할되어 있기 때문에, 우리의 지식 형태들 역시 자연적 지식과 사회-문화적 지식으로 비슷하게 분할되어야 하며, 각 지식은 본질적으로 상이하다고 간주하는 것이다. 그 결과 이것은 행위자-연결망 이론가인 브뤼노 라투르가 이른바 '정화 작업work of purification'이라 부른 일을 수행한다

(Latour 1993: 11; 김환석 2017). 즉 그것은 '문화' 또는 '사회적인 것'에서 그것이 현실적으로 항상 불가피하게 얽혀 있을 수밖에 없는 모든 다양한 비인간을 제거함으로써 인간 영역을 마치 순수하고 자율적인 것처럼 만들어 '정화하는' 것이다.

사회과학은 이러한 근대적 에피스테메에서 종종 좀 다루기에 곤란한 경우로 생각되어 왔는데, 오랜 시간에 걸쳐 확립된 자연과학과 인문학 사이에서 사회과학은 좀 애매하게 위치하고 있기 때문이다. 이것은 무엇이 사회과학의 적절한 자기 정체성이어야 하는가에 대한 끈질긴 논쟁으로 표현되어 왔다. 어떤 이는 '사회과학'이란 관념 자체가 용어상의 모순이라고 보는 반면에(Winch 1990), 다른 이는 그것이 필수 불가결한 것으로 보며(Bhaska 1979), 또 다른 이는 그것을 바람직하지만 단지 근사적으로만 성취 가능한 이상이라고 본다. 이 논쟁은 매우 활발하고 오래 지속되어 왔다. 하지만 그 논쟁이 하지 못한 일 또는 오직 최근에야 하기 시작한 일은, 그 전체 논쟁을 틀지어 온 매우 근대주의적인 지식 분할을 의문시하는 것이다. 사회과학적 사유의 다양한 갈래들은 그 인식론적 성찰성의 뚜렷한 경향에도 불구하고 인간주의 담론의 핵심적인 존재론적 가정들에 강하게 속박된 채로 남아 있었다.

다음의 장들에서 나는 19세기 사회이론의 일부 핵심적인 계기들을 통해 이러한 인간주의 담론을 추적함으로써, 그것이

'사회적인 것the social'에 대한 근대적 사유를 어떻게 깊이 구조화해 왔고 보다 넓게는 사회과학 전반을 형성하는 데 어떻게 근원적 기여를 해 왔는지 보이고자 한다. 이 글이 추적하는 특정한 경로는 필자의 분야인 사회학에 초점을 맞추었기에 불가피하게 부분적이고 선택적일 수밖에 없다. 다른 사회과학 분야는 무엇이 핵심적 계기들인지에 대하여 매우 다른 시각을 지닐 수 있다는 점을 나는 당연한 것으로 받아들인다. 그리고 사회이론의 역사에서 인간주의 담론에 대한 완전하거나 포괄적인 분석을 수행하는 것을 내가 바라지 않는다는 점도 또한 강조할 필요가 있다. 그러한 기획은 그 자체가 방대한 저서가 될 것이다. 이 글의 목적은 훨씬 더 제한적인 것으로서, 어떻게 인간주의가 사회학의 일부 핵심적인 근본적 입장들(심지어 '인간주의적'이라고 보통 간주하지 않는 입장들)의 형성에 중추적 역할을 했는지 보여 주는 것이다.

3. 　　　　　마르크스의 인간주의 변증법

　시간의 연속적 흐름 속에서 특정한 시작이란 없고, 따라서 모든 출발점이란 다소간 자의적이다. 하지만 사회학의 출발점으로서 마르크스는 대부분의 다른 대안들보다 그래도 약간은 덜 자의적인 출발점을 제공하는 것으로 보인다. 이렇게 마르크스를 특권화하는 것은 약간 이상하게 보일 수도 있는데, 왜냐하면 그는 결코 사회학자가 아니었으며 그러한 명칭을 분명히 거부하였을 것이기 때문이다. 그러나 그가 사회사상의 발전에 미친 영향은 지대했으며, 특히 그와는 달리 학문 분야로서 사회학의 확립에 그리고 사회사상을 형성하는 주된 방법론적 및 존재론적 전통의 창시에 직접 공헌한 에밀 뒤르켐과 막스 베버에 미친 그의 영향은 부정하기 어렵다. 또한 마르크스는 문화-자연 관계에 대한 그의 견해가 많은 후대 사회사상가보다 더 복잡하고 미묘하다는 점에서 '고전적' 사회학자 중에서 가장 유별난 학자다. 이에 대해 정치학자 티모시 미첼은 다음과 같이 주장하고 있다.

　　사회이론에서 인간 행위를 중심에 놓고 외부 세계는 그

러한 행위의 무대일 뿐 행위성과 권력의 원천으로 취급하
지 않는 전통적 접근에 중요한 예외가 있다. 그것은 마르
크스의 저작에서 찾을 수 있다(Mitchell 2002: 30).

마르크스 자신은 그의 역사적 유물론을 찰스 다윈의 역사적
자연주의와 양립 가능한 것으로 위치시키고자 하였고, 다윈의
『종의 기원』에 커다란 열정을 나타냈다. 마르크스는 "다윈의
책은 매우 중요하고, 역사에서의 계급투쟁을 설명하기 위한
자연과학적 기초를 나에게 제공해 준다"면서, "이것은 우리의
견해에 대한 자연사의 기초를 담고 있는 책이다"라고까지 썼
다(Wheen 2000: 364). 나중에 엥겔스는 "다윈이 유기적 자연의 발
전 법칙을 발견한 것과 마찬가지로, 마르크스 역시 인간 역사
의 발전 법칙을 발견했다"라고 주장한 바 있다(Carver 1991: 131).
이것은 다윈과 마르크스의 이론 사이에 지나치게 강한 상관관
계를 상정하는 것으로 보이는 주장이지만, 보다 면밀히 검토
해 보면 이 상정된 관계는 주로 유추일 뿐이다. 왜냐하면 엥겔
스의 주장에 함축된 존재론에서는, 자연은 역사로부터 분리된
것이고 역사는 인간적 및 사회적인 것이라고 본다. 따라서 다
윈의 설명은 비인간에게는 적합하지만, 인간에겐 적합치 않은
데, 왜냐하면 인간은 단지 자연적이 아니라 사회적이기 때문
이며, 이러한 이유로 인해 인간은 역사적 존재들이고 자연사

의 법칙이 아니라 인간 역사의 법칙에 따른다고 엥겔스는 주장한다. 이것은 실증주의적이라 할 수도 있지만, 자연과 사회의 관계에 대한 견해에 있어 아직 매우 이원론적인 성격을 띤다. 이와 마찬가지로, 비록 마르크스는 다윈식의 역사적 설명과 '인간'에 대한 자연주의적 관념을 찬양했지만(그것이 무신론을 자극한다는 이유도 컸음), 다윈의 이론을 정치적으로 적용하는 데는 매우 조심스러웠다. 더 나아가서 마르크스는 사회적 다윈주의 자체에 대해서는 그저 비웃는 태도를 보였는데, 역사를 인간 생물학, 인구 압력, 생존 경쟁, 자연선택을 통한 종의 진화에 의해서 설명하는 행위는 전혀 타당하지 않다고 보았기 때문이다.

마르크스에게 '역사'(즉 인간의 '사회적' 역사)는 다윈주의의 자연적 메커니즘이나 자연 자체의 어떤 다른 의지나 행위성을 통해서가 아니라, 인간의 행위성이나 실천praxis을 통해서만 자연에 연결되는 것이다. 다시 말해 마르크스는 자연을 반응적 객체로 보고 인간성을 능동적 주체로 보는 것이다. 자연에 작용하는 인간 실천을 그는 '노동labour'이란 용어로 부르며, 이는 인간성과 자연 사이의 물질대사적 상호교환으로서 인간성이 자기 자신과 '사회'를 (재)창조하는 과정이라고 본다.

노동은 무엇보다 인간과 자연 사이의 과정인데, 인간이

자신의 행위를 통해 자신과 자연 사이의 물질대사를 매개
하고, 조절하며, 통제하는 과정이다. 인간은 자연의 물질
들과 대면한다. … 인간은 외적 자연에 대해 행위하고 그
것을 변화시키며, 이런 방식을 통해 동시에 그는 그 자신
의 성격도 변화시키는 것이다(Marx 1976: 283).

따라서 노동은 마르크스의 사상 중심에 있는 주체-객체 변
증법에서 역사적으로, 인식론적으로, 존재론적으로 동시에 매
개하는 핵심적 계기가 된다. 흥미롭게도, 노동에 대한 이러한
관념은 원래 자연 자원의 경작cultivation을 뜻하는 '문화culture' 개
념과 그 어원이 매우 가깝다. 마르크스에게는 사회사(주체)가
자연사(객체)로부터 출현했지만, 후자로부터 근본적 이탈을 한
것이라고 본다. 즉 사회사는 자연적 토대와 연결되어 있지만
자연과는 다른 것이 되었다는 말이다.

그렇지만 마르크스는 종종 자연주의 사상가라고 간주되
어 왔으며 이는 부분적으로 정당한데, 그가 주장하듯이 역사
적 유물론만이 자신의 물질적 필요를 충족시키는 수단을 생산
하지 않을 수 없는 자연적 종으로서의 인간 존재가 지닌 역사
적 중요성에 정당한 인정을 부여했기 때문이다. 이것은 인간
이 완전히 자연적 존재라는 걸 의미하는 것이 아니라, 그 반대
로 인간이 자연적 존재를 넘어 사회적-역사적 존재가 된 것은

바로 그가 노동하는 방식 때문이었다는 말이다. 자연은 단지 노동의 필요성을 명령했지만, 노동의 조직화 양식과 그 기술적 발전이 사회를 형성했을 뿐아니라 그 자체가 사회에 의해 형성되었다. 그러므로 마르크스는 자신의 입장을 자연주의와 인간주의의 통일체, 즉 '인간주의적 자연주의'라고 묘사하였다 (Benton 1993: 23~57). 그러나 이러한 변증법적 통일체의 설득력은 '노동'이라는 범주에 의해 수행되는 특별한 작업에 전적으로 달려 있다. 자연으로부터 사회를 분리하는 동시에, 바로 이러한 분리의 과정과 매체에서 양자 사이의 사회적 및 역사적으로 조건화된 상호작용을 확립하는 것은 바로 노동이기 때문이다. 마르크스의 인간주의적 자연주의와 초월실재론적 '자연' 개념 사이에 서 있는 것은 단지 노동의 범주뿐이기 때문에, 이러한 매개적 개념이 없으면, 마르크스의 존재론은 직설적으로 말해서 그냥 이원론이라고 할 수 있다. 이렇게 동시적인 '정화'와 '매개'(Latour 1993)의 변증법적 요술을 수행하면서 유물론적 개념으로 남아 있는 것이 바로 '노동'인데, 아래에서 나는 이것에 의문을 던지고자 한다.

마르크스는 인간이 자연의 일부이고 '인간'이란 자연적 존재임을 인정하지만, 이와 동시에 인간만이 '사회적' 및 '역사적' 존재라는 점을 주장하고자 노력한다. 따라서 그는 다음과 같이 쓰고 있다.

인간은 직접적으로 자연적 존재이다. … 그러나 인간은 자연적 존재일 뿐만이 아니라, 인간적인 자연적 존재이다. 이것은 인간이 자신을 위해 존재하는 종, 따라서 자신의 존재와 지식에 있어서 자신을 확인하고 실행해야만 하는 종이라는 사실을 의미한다(Marx 1977: 104~105).

따라서 마르크스에게는 인간 사회를 비인간 세계로부터 구별해내는 것은, '외적' 자연에 대한 자신의 행위를 통해 그 자신의 '내적' 자연을 창조하고 재창조하는 인간성의 능력이다. 인간의 '사회적' 특성이 도출되는 것은 바로 노동 속에서 인간이 이렇게 자기 창조를 하는 과정을 통해서이기 때문이다. 이러한 존재론은 인간과 노동의 객체 사이의 관계에 대해서는 충분히 정합적이지만, 인간만이 사회적이라 간주되기 위해서는 인간과 비인간 '동물' 사이에 어떤 구별이 확립되어야 한다. 마르크스가 인정하듯이 그러한 구별을 위한 유일하게 적절한 유물론적 근거는 바로 노동이고, 따라서 그는 다음과 같이 주장한다.

여기서 우리는 동물 수준에 머물러 있는 최초의 본능적 형태의 노동에 대해서는 다루지 않을 것이다. … 우리는 오직 인간에게 특징적인 형태의 노동을 전제로 삼는다

(Marx 1976: 283~4).

그러나 이러한 형태의 노동이란 무엇인가? 왜냐하면, 마르크스가 인정하듯이 비인간 동물도 자신의 존재 조건을 재생산하기 위해 노동을 하기 때문이다.

동물도 생산한다는 것은 사실이다. 동물도 꿀벌, 비버, 개미 등과 같이 자신의 보금자리, 자신의 집을 짓는다 (Marx 1977: 82).

사실상 인간 노동의 경험적으로 관찰 가능한 특성에는 그것을 비교가능한 동물 활동으로부터 결정적으로 분리해 주는 건 아무 것도 없다. 반대로 이들 노동은, 대칭적으로 그리고 비인간중심적으로 파악할 경우(즉 인간의 특수한 기준이 아니라 해당하는 각 생명의 형태와 관련하여 파악할 경우), 근본적으로 동등하다.

심지어 복잡성의 면에서 좁게 판단할 경우, 일부 비인간 노동의 경우보다 더 반복적이고 일상적인 인간 노동의 많은 형태들이 있고, 매우 조직화한 집합적 활동의 특징을 나타내는 동물 노동의 형태들도 존재한다(Ingold 1986). 그러나 이러한 근본적 대칭성은 자연 안에서 인간의 특유한 위치라는 마르크스의 관념과 결코 양립 불가능한데, 왜냐하면 인간주의 담론의 존재론적 토대가 없이는 마르크스의 사회/자연 이분법은 무너지기 때문이다. 따라서 인간 노동과 동물 노동의 구별은 마르크스에게 이론적으로 필요하다. 아마도 이것이 그가 노동의 관찰 가능한 특성으로부터 암묵적으로 눈을 돌려 다음과 같이 노동의 내적이고 형이상학적인 본질(즉 특유하게 인간적인 '영혼')로 향했는지를 설명해 주는 것 같다.

최선의 꿀벌로부터 최악의 건축가를 구별해 주는 것은, 건축가는 방을 밀랍으로 짓기 전에 그의 마음속에서 먼저 지어 본다는 것이다(Marx 1976: 284).

의식적인 생기적 활동은 인간을 동물의 생기적 활동으로부터 즉각 구별해 준다. 인간을 종적 존재로 만드는 것은 바로 이것이고 오직 이것뿐이다(Marx 1977: 82).

하지만 이렇게 될 경우, 이것은 사실상 인간 노동과 동물 노동의 구별이 아니라 인간의 '의식'과 동물에게 추정되는 (무)의식 사이의 구별이다. 마르크스는 활동과 실천을 강조하지만, 인간 노동을 동물 노동으로부터 분리하는 개념적 작업을 실제로 행하는 것은 다름 아닌 '의식적' 활동—스스로를 대상화하는 능력인 '자의식'—으로서의 인간 활동의 지위이다. 다시 말하자면 인간/비인간 구별을 정당화하기 위하여 불러내는 것은 활동 자체가 아니라 데카르트의 이원론에 포함되는 정신이다. 따라서 마르크스가 인간 노동을 동물 노동으로부터 분리하는 것은 유물론적 요인이 아니라 '관념론적' 요인인 '의식'(인간은 가졌으나 동물은 못 가졌다고 주장되는)에 달려 있고, 오직 이 사실에서만 인간의 노동은 특별하다. 인간 노동은 의식적이고, 의도적이며, 미리 설계되므로 '문화적' 성격을 지니지만, 동물의 노동은 무의식이고, 단지 본능적이며, 목적이 없으므로 '자연적' 성격을 지닌다고 대조한다. 따라서 마르크스에게서 인간 노동과 동물 노동의 구별은 '문화' 자체를 근거로 한 인간과 동물 사이의 본질적 차이의 가정에 실제로는 기초하고 있다. 이는 자연과 문화에 대한 마르크스 변증법의 매개적 핵심을 이루는 개념('노동')이 인간주의 담론의 특징을 이루는 두 영역 간의 분리를 먼저 전제로 하고 있음이 드러나게 된 것이라 말할 수 있다.

4.   이원론의 두 얼굴: 뒤르켐과 베버

　마르크스의 사회-자연변증법을 구조화하는 데 있어 인간주의 담론이 행한 역할은 사회사상의 발전에 심대한 결과를 수반하였다. 여기서 나는 이러한 결과에 대해 자세한 분석에 들어갈 수는 없지만, 요점은 마르크스의 '사회' 개념의 기초가 되며 그것이 '자연'으로 용해되는 것을 막아 주는 노동이란 범주는 마르크스 이론의 유물론적 전제와 양립 불가능한 '관념론적'이고 인간주의적인 핵심을 감추고 있었다는 것이다. 이것은 '사회'에 대한 변증법적 개념이 그 내부적 양극인 인간주의와 자연주의 사이에서 흔들리도록 운명지어졌으며, 이 각각은 마르크스의 유물론에 의해 소거되어야 했으나 부분적으로 살아남았고, 인간주의적 핵심을 지닌 비대칭적 변증법에 의해 지워졌지만 완전히 삭제되지는 않았음을 의미한다. 시간이 지나면서 이 불안정한 양극은 서로 상반되고 공약불가능한 입장들로 구체화 될 수밖에 없었다. 따라서 사회적 '주체'와 '객체'는 서로 쪼개졌고 각각 순수한 인간관계와 자연으로 갈라지게 되었다. 이후 사회이론의 발전은 대부분 이 분열의 지적 충격파로 이해될 수 있고, 마르크스의 변증법을 되돌리고자 한 다양한 비성공적 시도들로 대체로 이루어져 왔다고 볼 수 있다.

사회학을 독립적 학문으로 확립하고자 누구보다 크게 노력한 뒤르켐과 베버는 이 점을 매우 분명히 예시해 준다. 물론 이 위대한 사상가 중 누구도 몇 줄의 글로 적절히 요약할 수는 없겠지만, 그들의 핵심적인 방법론적 처방과 그 처방이 자연/사회, 인간/비인간 이분법에 연결되는 입장들의 면에서 보자면, 대체로 마르크스에 의해 정의된 변증법적 연속선상에서 거의 상반된 위치들을 점유하고 있음이 분명하다. 베버가 방법론적인 '인간주의자'로서 해석적 사회학의 길을 열었다면, 뒤르켐은 실증주의적 의미에서 체계적인 실재론자 또는 '자연주의자'로서 자연과학 방법의 모방을 옹호했다. 하지만 이 양자는 동일한 인간 중심적 이원론을 되풀이했고 다만 서로 반대쪽의 입장을 차지하여 그렇게 했던 것뿐임을 나는 아래에서 보여 주고자 한다.

1) 에밀 뒤르켐의 이원론

뒤르켐 사회학의 중심에는 '사회적 사실' 개념이 자리 잡고 있다. 뒤르켐에게 사회학의 존재를 정당화해 주는 것은 바로 '사회적 사실'의 존재다. 사회적 사실의 구체적 실재는 사회학에 그 존재 이유와 지식의 대상을 제공해 준다. 그래서 뒤르켐은 그의 저서 『사회학적 방법의 규칙들』에서 "사회적 사실을 사물로 간주하라"라고 유명한 선언을 했던 것이다. 이것은 사회 현상이 자연 현상과 동일한 존재론적 사실성을 지니며, 따라서 동일한 방식으로 그리고 동일한 방법에 의해 알 수 있다고 긍정한 것이다(Giddens 1978: 35). 뒤르켐의 사회적 존재론은 정신/물질의 데카르트적 이원론 위에 철저히 구축되었다고 볼 수 있는데, 그것은 세계에 대해 그리고 세계에 반해 의식하는 존재로서의 개인(이때 의식은 물질을 낯선 외부성과 의지에 대한 장애물로서 대면한다고 간주함)이라는 관념에 의존한다. 이는 과학적 앎의 방식의 지배와 밀접히 연관된 근대주의적 감수성의 특징을 이룬다. 따라서 뒤르켐의 입장은 사회적 '집합성collectivity'을 데카르트 철학의 정신/육체 이원론으로부터 탄생한 의식 주체의 '외부성externality' 개념과 동일시하고 있다는 것을 알 수 있다. 개인을 넘어 존재하는 모든 것을 '객관적'이라 취급하며, 마치 개인의 '정신' 또는 의식과 대면하는 물리적 객체와 같은 것으로 취급하는 것이다.

이와 같이 추상적 개인의 주관성 관점으로부터 시작함으로써 뒤르켐은 사회성을 외부성으로 그리고 과정을 객체로 응고시키는데, 한마디로 그는 사회적인 것을 물화reify했다. 이렇게 저변에 깔린 존재론적 개인주의는 뒤르켐의 사회학적 방법을 특징짓는 기계론적 객관주의로 귀결되며, 결과적으로 그를 '사물', 총체성 또는 체계로서 사회를 보는 대표적 이론가로 만들어 주었다. 뒤르켐에게 사회학을 정당화해 주고 그것에 방법론적 자율성과 과학적 성격을 부여하는 것은 바로 이러한 거시적 객체로서의 '사회'라는 객관적 실재였다. 그에게 사회학의 고유한 목적은 '사회적 사실'을 연구하는 것이었다. 사회학을 심리학과 심리학적 설명으로부터 확고히 분리하는 작업이 바로 이것이기 때문이다. 사회학이 '고유한' 과학이라고 뒤르켐이 주장한 이유도 바로 이것 때문이다.

사회학이 '사회적인 것'이라는 고유의 영역이 세계 속에 따로 존재한다는 믿음에 그렇게 근본적으로 의존하고 있다면, 우리는 사회학이 그러한 대상을 존재하게 만드는 데 어떤 역할을 해 왔는지 물어보아야 한다. 영국의 행위자-연결망 이론가인 마이크 마이클이 언급했듯이, "무엇을 '자연적' 또는 생물학적인 것으로 간주하고, 무엇이 사회적 또는 '인간적'인 것으로 간주하느냐는 것은, 제도적 및 학문적 경계들을 구축하고 유지하려는 긴박한 필요에 의해 영향받는다"(Michael 1996: 137~8). 사실상 세계 속에 특수하고 배타적으로 '사회적'인 현상들이 있다고 확신을 가지고 가정할 수는 없다. 사회적 및 문화적 현상은 언제나 이미 기술적, 정치적, 경제적, 법적, 과학적, 그리고 사실상 자연적인 성격을 지니고 있기 때문이다. 이 상호교직된 현상들 안에서 어떤 본질을 가리켜 '사회적'이라고 구체화하거나, 이 모든 것을 포괄하는 어떤 일반적 사회성을 가리키는 하나의 차원을 지정하고자 하는 시도는, 이 이질적인 하이브리드 세계에서 아무것에도 조응하지 않는 순수한 추상물을 창조한다. 그러한 추상화의 목적은 궁극적으로 자기 확증이다. 즉 사회과학 자체의 존재를 정당화하는 대상(즉 '사회')을 창조이다.[7] 뒤르켐은 누구보다도 사회학이 이러한 전략에 따라 발전하도록 보장하려 노력하였던 것이다.

마르크스와 마찬가지로, 뒤르켐의 사회학도 어느 지점에선가 인간과 동물 사이를 본질적으로 구별하는 것을 그 기초로 삼고 있다. 뒤르켐이 사회를 자연으로부터 분리된 자율적 영역으로의 물화를 가능하게 만드는 조건은, 인간적 본성(사회적으로 결정된다고 뒤르켐이 믿은)과 동물적 본성(본능적이고 생물학에 묶여 있다고 뒤르켐이 가정한) 사이에 절대적 경계선을 긋는 것이다 (Durkheim 1962: 241). 이것은 근대성에 대한 뒤르켐의 전체 분석에서 중심적 위치를 차지하고 있다. 예컨대 그는 이것이 왜 인간의 욕망이 동물의 욕망과는 달리 잠재적으로 무제한적인 성격을 가지는 이유라고 주장한다. 인간의 욕망은 '유기체의 필요에(즉 유기체의 물리적 필요에) 뿌리를 두고 있지 않고, 사회에 의해 생성되고 규제되기 때문이다. 인간의 욕망은 진화적으로

---

7   이처럼 19세기에 사회과학이 이원론에 기초한 '사회'를 창조했듯이, 이미 17세기에 자연과학은 이원론에 기초한 순수한 비인간 영역인 '자연'을 창조했다고 라투르는 주장한다(Latour, 1993).

그러한 유기체적 기초로부터 도출될 수는 있지만, 그러한 '동물적' 기원을 뛰어넘은 지 오래되었다고 보았다.

> 요약하자면, 사회는 그것이 세우고 적용하는 도덕적 규제를 통해서 물리적 존재(적어도 초유기체 생명에 관한 한)에서 본능이 하는 것과 동일한 역할을 수행한다. 미결정된 채 남아 있는 것을 사회가 결정하고 통치하는 것이다. 본능의 체계는 유기체의 규율이고, 도덕적 규율은 인간 사회생활의 본능적 규율이다(Durkheim 1962: 244).

뒤르켐 이원론의 요점은 인간의 물리적 본성이 그의 사회적 존재를 결정하는 데 아무런 역할을 못 하고, 따라서 사회적으로 유인된 필요는 어떤 초개인적 행위성 즉 '사회'에 의한 제약이 필요하다는 점을 보여 주는 데 있다. 또한 바로 이것이 뒤르켐의 중요한 개념인 '아노미'—근대적 산업자본주의가 그것이 생성하는 이기적 욕망들을 구속하기 위해 필요한 사회적인 규제력을 약화시킨다는 견해—의 핵심에 위치한다. 이러한 방식으로 뒤르켐의 사회학은 인간/동물 그리고 사회/자연이라는 상호연결된 이원론들에 전적으로 의존하기 때문에, 탈인간중심적인 성찰을 위한 어떤 여지도 남겨 놓지 않았다고 볼 수 있다.

2) 막스 베버의 이원론

사회 현상이 자연 현상과 인식론적 등가물이라는 아이디어에 헌신하는 뒤르켐의 사회학은 이와는 전혀 상반된 입장을 보이는 베버의 사회학과 날카로운 대조를 이룬다. 베버의 입장은 그 핵심에 사회 현상을 자연과학의 대상과 같이 마치 '사물'인 것처럼 취급하는 것은 사회생활의 '문화적' 성격(즉 사회적 행위의 유의미한 특성과 사회적 행위자들의 성찰성과 주관성)을 무시하는 것이라는 주장이 자리 잡고 있다. 베버의 사회학이 강조하는 것은 바로 사회생활의 이 유의미한 측면이다. 사회 현상이 자연 현상과 공약 불가능하다는 것은 베버 이후 모든 구성주의 사회학 및 해석적 사회학을 가능하게 만든 기본 가정이었다. 하지만 이것은 베버가 뒤르켐에 대한 반명제의 제시에서 결국은 뒤르켐의 자연주의 저변에 깔린 동일한 이원론을 수행하는 결과를 초래한다는 점에서 한바퀴 돌아 제자리로 오는 결과를 빚었다.

따라서 이 외견상의 상반된 입장들은 자연과 사회에 대한 이원론적 접근에 있어서 오히려 손을 맞잡고 있다고 볼 수 있다. 뒤르켐이 사회와 자연은 뚜렷이 분리된 대상이지만 동일한 방식으로 알 수 있다고 주장하는 반면에, 베버는 그들이 상이한 종류의 대상이므로 뚜렷이 분리된 방식으로만 알 수 있다고 주장할 뿐이다. 따라서 베버는 해석적 사회학 또는 '이해의 사회학'이 "동물 또는 무생명 자연이 아니라 인간을 다루는 문화과학들의 고유한 접근"(Gerth & Mills 1991: 56)이라고 보았다. 오직 인간 행동만이 '유의미'하고 '이해가능'하다는 것이 그 가정이다. 자연과학의 대상들은 사실의 인과적 설명 방법에 따라 연구되어야 하는 반면에, 사회/문화 과학의 주체들은 유의미한 사회적 행위에 대한 해석적 이해verstehen의 방법에 따라서 (즉 해당되는 인간 주체들의 의도와 이해의 면에서) 파악되어야만 한다는 것이다. 이것은 사회의 기본 단위가 합리적인 개인이라는 계몽주의적 '인간' 관념에 적어도 부분적으로 공명하는 것이다. 그러한 개인들에게서 추정되는 자기 이해가 해석주의 사회학이 구상된 궁극적인 기초를 제공해 준다. 따라서 그것은 인간 '주체'를 상호주관적인 '사회'를 구성하는 단위라는 지위에 올려놓는다. 이러한 방식으로 베버 사회학의 전체 방법론적 지향은 인간주의 존재론을 전제로 삼는데, 이러한 존재론에서는 인간 주체성, 자신을 향한 의미, 이른바 '문화'라는 영역과 비인간 객체성, 물질 그 자체, 이른바 '자연'이라는 영역으로 나누어진 공약 불가능한 두 영역이 존재한다고 보는 것이다.

베버는 복잡한 사회학자고 많은 의미에서 뒤르켐보다 훨씬 더 복잡하기 때문에, 방금 언급한 이러한 인간주의 존재론으로 그의 방법론적 입장을 요약하는 것은 단순하고 직설적인 설명을 피해야 한다.

베버의 방법론적 논문들의 계보는 복잡하고, 그것은 자연과학과 '인간적' 또는 사회적 과학 사이의 관계에 대한 당시 논쟁의 틀 안에 위치시켜야 할 것이다. … 따라서 인간의 과학들이 지닌 지위에 대해 독일에서 일어난 길고 복잡한 논쟁은 프랑스의 역사학 및 사회철학에서는 대체로 잠잠했던 이슈들을 탐구했던 것이다(Giddens 1971: 133).

그럼에도 불구하고, 이 방법론적 논쟁에 베버가 몰두한 결과로써 결국 그는 본질적으로 칸트주의적인 결론에 도달하였는데, 그것은 "사회과학은 필연적으로 '정신적' 또는 '관념적' 현상에 관여하는데, 이런 현상은 자연과학이 취급하는 대상에는 존재하지 않는 독특하게 인간적인 특징들"(Giddens 1971: 134)이라는 견해였다. 마르크스의 인간주의가 인간 노동과 동물 노동 사이의 피상적 구별을 정당화하기 위하여 형이상학에 호소하는 것에서 가장 잘 보이던 것과 마찬가지로, 베버의 인간주의는 '사회적 행위social action'와 '단순한 행동mere behaviour' 사이의 비슷한 그의 구별에서 가장 잘 나타난다.

베버적인 의미에 있어서, 사회적 행위는 단순한 행동과 구별된다. 예를 들면 무생물 객체를 향한 행위는 여기에 포함되지 않는다. … 요약하자면, 의도적이고 다른 인간 존재의 행동을 지향하는 행동만이 사회적 행위의 자격이 있는 것이다(Hamilton 1991: 45).

이것은 베버의 사회학이 비인간들을 고려에서 체계적으로 배제하는 존재론과 인식론 위에 얼마나 강하게 기초하고 있는지를 말해 준다. 여기서 '사회적인 것' 자체는 이러한 정화의 메커니즘으로서 배치되는데, 왜냐하면 상호주관적(인간들 사이의 의미 세계 안에 존재함)이 아닌 것은 모두 그저 '사회적'이 아닌 것으로 간주되기 때문이다. 이러한 놀라운 요술이 능동적이고 유의미한 인간 주체들과 수동적이고 무의미한 비인간 객체들이 거주하는 정화된 이원론적 세계를 만들어 낸다.

위와 같이 볼 때 뒤르켐과 베버는 가장 근본적인 수준에서 서로 다르기보다는 매우 닮았다. 실증주의와 해석주의가 각각 지닌 특징은 동일한 인간주의 존재론의 상이한 두 얼굴이라 보인다. 나는 이것이 단지 지성사의 문제가 아니라고 강조하고 싶다. 한편에서는 실증주의 또는 실재론의 모습으로, 다른 한편에서는 구성주의 또는 해석주의의 모습으로, 이러한 이원론이 현대 사회사상의 매우 많은 것(사실상 대부분)을 계속 규정하고 있기 때문이다. 이것이 왜 대부분의 사회과학에서 자연은 '아직' 부재한 타자로 취급받는가의 이유이다. 따라서 자연을 인간 존재들의 문화적-사회적-기호적-유의미한 세계의 외부로 간주하고, 그렇기 때문에 그냥 자연과학에 맡겨지거나 아니면 '문화적' 용어로 이론화되는 것이다. 그 결과 자연은 행위자-연결망이론에서 주장하듯이 모든 구성요소가 자연적인 동시에 사회적인 하나의 집합체^{collective}에 속한다는 시각에 따라 탈인간 중심적으로 결코 파악되지 못하고 있다(Latour 1993).

5.　　　탈인간 중심적 신유물론으로의 전환

　　사회학적 사유에 대한 인간주의 담론의 지배는 사회학의 핵심적인 존재론적 및 인식론적 가정들에 깊이 배어 있다. 따라서 그것은 사회학 대부분의 핵심 개념과 방법론에 영향을 미친다. 그렇지만 인간주의 담론은 전혀 도전받지 않은 채 지나온 것은 아니었다. 마르크스 이래로 사회사상에서 인간 중심주의에 대한 대안적 흐름이 없었던 것은 아니지만, 이들은 지배적인 인간주의 흐름에 의해 주변화되고 억압되는 경향을 보여 왔다. 그 때문에 심지어 인간중심적 사회사상가들의 저작

속에서도 그들이 비인간 동물에 대해 고려할 필요가 있을 경우에는 간혹 비인간주의적 성찰이 발견되곤 한다.

예를 들면, 해석적 이해의 방법론을 옹호하면서 막스 베버는 다음과 같은 흥미로운 성찰을 보인다.

> 동물의 행동이 주관적으로 이해 가능하다면, 동물(가축이건 야생이건)에 대한 인간의 관계를 다루는 사회학을 정립하는 것이 이론적으로 가능할 것이다. 따라서 많은 동물은 명령, 분노, 사랑, 적대감을 '이해'하고, 그것들에 결코 순전히 본능적이고 기계적으로 반응하는 것이 아니라 어떤 의미에서 의식적으로 유의미하고 경험에 영향받는 방식으로 반응한다(Weber 1947: 104).

이는 매우 중요한 인정이기는 하지만, 결코 베버의 사회학 속에 보다 체계적으로 포함되지 못하였고, 따라서 상호작용론적 사회학을 발전시키는 데 있어서 베버의 방법론적 처방을 추종한 학자들에 의해 채택되지 못하였다. 예컨대 조지 허버트 미드는 동물의 '행동'에 대한 묘사를 아래처럼 오직 인간의 '행위'를 정의하기 위해 대조하는 어떤 것으로만 이용하였다.

> 나중에 상징적 상호작용론이 될 구성주의 관점의 지적

토대를 제시하면서, 미드는 비록 동물이 사회적 존재긴 하
지만 동물의 상호작용은 단지 원초적이고 본능적인 '몸짓
의 대화'(예컨대 개의 으르렁, 고양이의 야옹 소리 등)만을 포함한
다고 주장하였다. 미드의 견해에 의하면, 동물은 상징을
사용할 능력이 없고, 따라서 의미를 협상하고 공동-상호
작용자의 역할을 행할 능력이 없다. 그들의 행동은 먹이
의 획득이나 영토의 방어 같은 단순한 목적을 성취하는 걸
지향하는데, 그들은 언어를 사용할 수 없기 때문에 그들의
행동은 의미가 결여되어 있다. 그들은 정신이 없고, 자아
가 없으며, 감정이 결여되어 있는 것이다(Sanders 2006).

이것은 사회학에서 결코 비전형적으로 나타나는 주장이 아
니다. 오히려 사회학적 사유에서 간혹 나타난 탈인간 중심적
성찰이 나중에 '문화', '언어', '성찰성', '행위성'을 근거로, 또는
적절한 사회과학에는 인간 존재의 예외적 본성을 인정하는 것
이 필요하다는 다른 논리에 의해서, 결국 떠밀려 나거나 사라
지는 결과가 훨씬 예측가능한 일이다.

그러므로 간헐적인 탈인간 중심적 성찰에도 불구하고, 고
전사회학의 핵심적 전통들은 '문화' 또는 '사회적인 것'으로 지
칭된 인간 영역과 '자연'이라는 비인간 영역 사이에 본질적이
고 공약 불가능한 차이를 각인시키는 데 놀라운 일관성을 보

여 왔던 것이다. 이러한 이원론은 사회과학적 사유에 기본적
토대를 제공해 왔다. 그것은 존재론적, 인식론적, 방법론적인
다양한 형태들을 취해 왔지만, 모든 경우에 있어서 궁극적으
로 중요하고 이러한 이원론의 중심을 차지하는 것은 인간 주
체다. 즉 '정신' 또는 '의식', 주관성, 그리고 유의미한 행위 또는
'행위성'의 고유한 능력의 면에서 정의되는 주체가 그것이다.[8]
따라서 '문화' 또는 '사회적인 것'과 인간이라는 것 사이에는 깊
고 기본적인 연계가 있고, 문화와 그 타자들 사이의 모든 구별
은 그 저변에 무엇이 인간이고 무엇이 비인간인가에 대한 구
별이 나란히 자리잡고 있다.

　이렇게 근대적 우주론의 중심에 인간 존재를 담론적으로 위
치시키는 것은 '문화'와 '사회적인 것'의 개념을 둘러싸고 전개
되었다. 양 개념은 객체로서 각인된 비인간 자연과 대조되는
행위성을 지닌 존재로서 인간 주체를 정의하는 것을 포함한
다. 그렇게 정의된 주체는 하나의 인식적 및 존재론적 질서로
서의 근대성이 지닌 정합성에 매우 중요하다. 따라서 근대성
이 정의하는(또 역으로 근대성을 정의하는) 모든 지식의 형태는 인

8　따라서 인간/비인간을 나누는 인간 중심주의의 '외적' 차원은, 우리가 인간 존재를 어떻
　게 이해하고 인간이란 무엇인가에 대해 질문하는 인간 중심주의의 '내적' 차원과 분리
　불가능하다고 주장할 수 있다. 인간 중심주의는 단지 우리가 동물과 기타 비인간들의 지
　위를 어떻게 보는가의 문제만이 아니라, 인간 존재로서 우리 자신의 지위와 우리 자신과
　의 관계를 우리가 어떻게 이해하는가의 문제이기도 하다.

간주의 담론으로부터 출현한 인간 중심적 이원론에 뿌리를 두고 있다. 사회과학은 이러한 이원론에 의해 근본적으로 형성되었을 뿐 아니라 그것의 재생산에 적극적으로 기여해 왔다. 즉 '사회적인 것'에서 비인간 타자들을 체계적으로 정화함으로써 사회과학은 지난 150여 년 동안 인간주의 담론의 핵심적 장치가 되어 왔던 것이다. 이것이 사회과학의 인간 중심주의 문제에 대해 왜 단순히 경험적인 해결책이 있을 수 없는가의 이유이다.

전지구적 기후변화, 재난과 전염병의 확산, '4차 산업혁명'으로 불리는 기술 과학의 급속한 변화 등 오늘날의 세계는 점점 더 인간 대 비인간, 사회 대 자연의 이분법적 영역으로 나누어서는 이해할 수 없는 하이브리드적 성격이 극명하게 드러나고 있다. 우리가 이러한 하이브리드 세계를 인간 존재에 대한 인간 중심적 관념이 없이 진정으로 파악하고 이를 통해 세계가 당면한 위기를 해결하고자 한다면, 우리의 지식을 조직화해 왔던 기존의 범주들을 근본적으로 재사유하는 것이 필수 불가결하다. 그것은 모든 지식과 학문에 요구되는 일이지만, 사회학을 포함한 인문 사회과학도 이제는 탈인간 중심주의로 그 방향을 전환해야 하며 사실상 그 일에 앞장서야 한다. '문화'와 '사회적인 것'이 과연 인간 주체들의 정신활동만으로 이루어진 것인지 근본적 의문을 던져 보고, 오히려 그러한 근대적 사유

방식이 인간과 비인간의 관계가 낳은 다양한 하이브리드들에 대한 이해를 막고 타자화하면서 오히려 그들의 무분별한 증식만을 촉진해 온 것은 아닌지 반성할 필요가 있기 때문이다 (Latour 1993).

이미 서구의 학계에서 탈인간 중심주의는 2000년대부터 '신유물론new materialism'이라는 새로운 인문 사회과학의 패러다임으로 구체화하여 왔다(Coole & Frost 2010; van der Tuin & Dolphijn 2012). 신유물론의 구체적 내용에 대해서는 별도의 논문을 요할 만큼 많아서 이 글에서의 한정된 지면에 담을 수는 없지만, 그 핵심적 관점은 세계의 거의 모든 현상을 인간과 비인간의 역동적이고 불안정한 결합체를 뜻하는 '사회 물질적 어셈블리지sociomaterial assemblage'로서 이해하려는 것이다.[9] 더 나아가서 기존의 사회 물질적 어셈블리지들이 세계에 커다란 문제와 위기를 초래하는 결과를 낳았다면, 보다 바람직한 사회 물질적 어셈블리지들의 형성은 어떻게 가능한가를 모색하는 것이다. 오늘날 기후변화와 '4차 산업혁명' 등 세계의 그 어느 지역보다 급격한 하이브리드적 변화의 와중에 있는 우리나라에서, 이제

---

[9] 신유물론은 학제적 접근을 지향하기 때문에 학문 분야 간의 경계는 약하지만, 각 연구자가 주로 어느 분야에서 활동하느냐에 따라 그 주된 연구방법론은 다르다. 예컨대 인문학은 사변적 성찰에 주로 의존하는 반면에 사회과학은 경험적 방법론에 의존한다. 인문학에서의 신유물론 접근에 대해서는 Braidotti(2013)를 참고하고, 사회학에서의 신유물론 접근에 대해서는 김환석(2016)과 Fox & Alldred(2017)를 참고할 것.

는 국내의 사회학도 인간 중심적 이원론에 기초한 기존의 사회학 패러다임을 벗어나 이와 같은 신유물론 패러다임으로부터 보다 적실성이 있는 사회학적 상상력과 통찰을 얻을 수 있다고 필자는 기대한다. 이것이 바로 우리가 탈인간 중심주의 사회학을 진지하게 모색해야 할 이유이다.

3장

인류세의 도래와 근대 문명의 위기
: 신유물론의 관점

1.　인류세와 신유물론

　지구가 '인류세Anthropocene'라고 불리는 새로운 지질학적 시대로 접어들었을지 모른다는 자각은 변혁적인 잠재력을 지니고 있다. 하지만 시간이 지나면서 이 인류세 개념은 능동적 인간 문화와 수동적 자연 세계 사이의 명시적 구분을 믿는 기존의 근대주의 신념에 도전하기보다는 오히려 그것을 강화하는 방식으로 종종 프레임 되어 결국 그 개념의 잠재적 효용성을 크게 제약하는 결과를 낳고 있다. 대중에게 인류세는 종종 "인간의 시대"로 번역됨으로써 불가피하게 인간의 행위성과 힘에 대한 과대평가를 반영하기 때문에, 일부 사람들은 대규모의 지구공학적 프로젝트들geo-engineering projects을 통해 소위 '좋은 인류세'를 창조하도록 강력한 인간들에게 맡길 수 있다는 주장을 이미 시작하였다. 이에 따르면 인간이 지구와 맺고 있는 관계에 대한 더 깊은 재검토는 필요하거나 바람직하지 않다. 반면에 이 논문은 신유물론new materialism을 통해서 인간과 문화는 강력한 물질적 환경에 의해 그리고 물질적 환경과 더불어 창조되어 왔다는 점을 강조하는 매우 상이한 접근을 제시하고자 한다. 신유물론에서 산업혁명의 기술들은 인간 힘의 증거로서가 아니라, 이제까지 학자 대부분이 인정해 온 것보다 훨씬 더 강력하게 물질세계가 인간의 정신, 문화, 기술을 형성할 힘이 있다는 증거로서 간주된다. 그리하여 이 논문에서는 인류세라는 새로운 지질학적 시대는 '탄소세Carbocene'라고 불리는 것이 더 낫지 않을까 제안하고 있다. 그것은 강력한 탄소 기반 연료의 시대로서 이는 인간이 오늘날 탈피하기가 매우 힘든 사유와 행위의 방식 창조를 도왔다. 과연 창조적이고 잠재적으로 위험한 지구에 대한 신유물론의 보다 겸손하고 조심스러운 견해가, 인류세라는 용어에 담긴 잘못된 인간 중심주의보다 지구적 기후변화를 퇴치하는 데 보다 효과적인 수단을 제공해 줄 수 있을 것인가?

21세기에 들어 인문 사회과학 분야의 많은 학자는 20세기 말에 지배적 패러다임의 역할을 하던 사회 구성주의 이론과 방법이 그 핵심에 인간 중심적 한계를 지닌 것으로 비판하면서 물질성의 역할을 근본적으로 재평가하기 시작하였다(김환석 2016 & 2018). '신유물론'이라 불리는 이 새로운 접근은 인간과 문화가 물질적 환경의 지배자가 아니라 그 산물이라고 이해하는 것이 가장 타당하다고 주장하고 있다. 보다 근본적으로 신유물론은 인간 문화가 물질세계와 분리되어 있다는 지배적인 근대주의 신념에 도전하면서, 물질은 인간 지성과 창조성 및 문화를 만드는 걸 도울 뿐만 아니라 종종 그것들을 '구성하는' 것으로 이해할 수 있다고 주장한다. 따라서 그 핵심에 있어서 신유물론은 인간의 지성과 문화가 우리를 자연과 뚜렷이 구분되게 했다는 근대주의 신념에 도전하면서, 인간 문화는 물질세계의 반대 항이 아니라 그 일부이자 산물로서 이해되고 분석되어야 한다는 상반된 입장을 채택함으로써 인문 사회과학은 강력한 새로운 방법론적 접근을 구축할 수 있다고 주장하는 것이다.

하지만 이와 같은 신유물론의 생각은 '인류세'라는 개념과 신조어를 둘러싼 21세기의 또 다른 새로운 생각들과는 잘 조화되지 않는 것 같다. 그리스어로 '인간'을 뜻하는 anthropo-와 '최근' 또는 '새로운'을 뜻하는-cene에서 도출된 이 '새로운 인간'의 시대는, 지구에 미친 인간 유발적 변화들이 너무 심대해서 새로운 지질학적 시대를 이룬다는 것을 의미한다. 2000년에 처음 나타난 인류세 개념은, 학자들과 대중에게 점점 더 적극적으로 수용되면서 지구적 기후변화와 생물 대멸종, 그리고 기타 환경문제들과 연관되는 많은 물리적, 문화적, 사회적 변화 및 도전을 논의할 수 있는 폭넓은 지적 공간을 제공하고 있다. 이 개념의 수용 증가를 반영하여, 2014년에는 독일 뮌헨에 있는 독일박물관이 "인류세에 온 것을 환영합니다: 우리의 손에 있는 지구"라는 전시를 개최한 바 있다. 적어도 3가지의 과학 저널이 그 제목에 이 용어를 사용하고 있으며, 암스테르담에 근거지를 둔 유명한 엘스비어출판사는 '인류세'라는 명칭으로 새로운 학제적 저널을 출범시키면서 그 취지를 "인간이 지구에 미친 영향의 성격, 규모, 정도를 다루는 것"에 전념한다고 밝힌 바 있다(이상 Sample 2014를 참조).

분명히 점점 더 많은 수의 과학자, 환경운동가, 인문학자, 사회과학자들이 인류세의 명칭과 개념이 유용하다고 생각하고 있다. 지구적인 기후변화와 생태 위기가 초래한 과거와 미래의 엄청난 환경적, 사회적, 정치적 변화들이 어떤 통일적 용어와 개념을 요구한다는 점을 고려하면 이해할 만한 일이다. 그럼에도 불구하고 나는 '인류세'는 그런 용어로는 부적절한 선택이며, 더 나아가서 그 용어는 그처럼 광범위한 변화를 분석하는 데 있어서 이롭기보다는 해로운 결과를 가져올 수 있다는 우려를 지니고 있다. 아마도 인류세 용어의 창조자와 옹호자의 의도는 아니겠지만, 이 용어 자체는 인간 중심적 성격을 띠고 있기 때문이다. 사실상 이 용어가 지닌 호소력의 일부는, 지구온난화가 인간 행위가 아니라 '자연적' 과정의 결과라고 잘못된 주장을 하는 기후변화 부정론자들을 강력히 반박해 준다는 점에 있다. 하지만 인류세 개념은 또한 인간들이 그러한 지구적인 생태 위기를 초래하기에 충분할 만큼 강력하다는 사실을 시사하기에, 문제를 해결할 인간의 능력에 대한 근대주의의 오만한 신념을 촉진하는 경향이 있다. 그래서 인류세 용어가 나타남과 거의 동시에 소위 '좋은 인류세Good Anthropocene' 주창자가 출현하여, 인간이 대규모의 지구공학적 프로젝트들을 통하여 고통 없는 기술적 해결책을 만들어 낼 능력이 있으리라고 주장하는 것이다(Hamilton 2013).

그러한 주장에 담긴 극단적 오만에 경악하여, 지구를 공학적으로 수정하겠다는 이 낙관적 계획은 인류세 개념의 악의적 오독이라고 비판가들은 반박해 왔다. 이러한 반박은 분명히 어느 정도 진실이지만, '좋은 인류세'에 대한 생태 근대주의자들의 주장은 또한 인류세 개념 자체가 지닌 본질적 인간 중심주의의 논리적 연장이라고 이해될 수 있는 것이다. 우리가 새로운 '인간의 시대'로 우리를 데려가 줄 '지질학적 행위자로서의 인간'에 대해 언급하기 시작하자마자, 우리는 인간의 힘과 행위성을 과대평가하기 시작하게 되기 때문이다. 이는 우리의 의도가 원래 비판적인 것이었다 해도 그러한 입장으로 빠지게 되는 경향을 피할 수 없다. 즉 슈퍼맨은 그의 초능력을 선하게 또는 악하게도 사용할 수 있지만, 어떻게 사용하든 그는 여전히 슈퍼맨인 것이다. 바로 이 점에서 신유물론의 사유는 인류세 개념과 뚜렷이 갈라지게 된다. 인간의 힘과 성취를 강조하는 대신에, 신유물론은 우리가 특별히 강력하거나 특별히 지적이고 창조적이지 않다(적어도 우리 자체만으로는)고 주장한다. 대신에 신유물론은 우리 인간이 우리가 자신의 힘, 지능, 창조성이라고 생각하기 좋아하는 것의 대부분을 우리를 둘러싼 물질적 사물들로부터 도출한다고 주장한다. 사실상 이 사물들은 많은 면에서 우리 자신을 구성하는 것으로 이해해야 한다고 보는 것이다.

분명히 인간들은 매우 강력해졌고, 그 결과 지구의 거의 모든 거주 가능한 틈새를 채우고 그 근본적인 생물지구 화학적 사이클을 변경시킬 만큼 힘이 세졌다. 그러나 신유물론은 이런 변화를 인간들 덕으로만 돌리지 않고, 인간들이 이런 일을 성취한 것은 수많은 다른 사물들(예컨대 석탄과 석유)과 더불어 자신의 운을 걸었기 때문이라고 본다. 그런데 이러한 사물들이 지닌 힘에 대해 인간들은 단지 모호하게 이해했고 분명히 진짜로 통제하지는 못했다고 본다. 이와 마찬가지로, 일단 이러한 인간과 사물의 협력관계가 형성되자, 이 강력한 사물들은 인간과 문화를 예기치 못한 방식으로 형성하기 시작하였고 이중 많은 방식은 인간에게 반드시 이로운 것은 아니었다. 요약하자면, 신유물론은 지구가 우리 인간을 어떻게 형성해 왔는가를 고려하게 하지 그 역은 아니라고 볼 수 있다. 즉 신유물론은 지구가 인간의 손에 있는 것이 아니라 인간이 지구의 손에 있다고 주장한다. 그리고 이 지구의 손은 반드시 매우 자비로운 것도 아니라고 본다. 그 반대로 외견상 자비로운 어떤 행성 (예컨대 쉽게 접근 가능한 석탄 및 석유 저장고를 지닌)이 실제로는 지적 생명체에 그리 친절하지 않을 수 있다. 그러한 행성에서 지적 생명체가 배울 필요가 있는 아마도 가장 중요한 교훈은, 자신의 힘을 늘리기 위해 석탄 및 석유와 협력관계를 맺는 것은 쉬운 부분이라는 점이다. 어려운 부분은 어떻게 이 강력한 협력자들이 자신을 노예화하고 파괴하지 않도록 만드는가를 알아내는 것이다.

2.   '좋은 인류세' 개념에 대한 비판

인류세라는 용어는 생태학자 유진 스토머Eugene Stoermer가 1980년대에 처음 사용했고 그는 이것을 비공식적으로 오래 사용해 온 것으로 보인다. 그러나 이 신용어가 광범위하게 통용되기 시작한 것은, 노벨상을 수상한 화학자이자 기후과학자인 파울 크뤼천Paul Crutzen이 그것을 2000년에 채택한 이후부터였다(Steffen, et al. 2011). 그리고 크뤼천은 그 용어 자체에 그리 큰 의미를 두지 않았다고 인정한 바 있다. 그가 어떤 이름을 붙이고자 한 지구적 규모의 변화들에 대한 인식은 분명히 과학적 의미에서 신중하게 고려된 것이었지만, 그가 이를 포착하기 위해 선택한 용어는 신중하기보다는 좀 즉흥적인 것이었다. 그는 과거 200년 동안의 지구적인 생물지구 화학적 사이클에 나타난 심대한 변화를 표현할 적합한 단어를 찾고 있었을 뿐이다. 정확히 어떤 신용어가 사용될 것인가는 상대적으로 사소해 보였을 수 있다. 중요한 것은 인간 활동이 지구를 홀로세의 비교적 안정된 기후 시대를 벗어나 보다 유동적인 새로운 지질학적 시대로 접어들게 만들었다는 점을 인식할 급박한 필요였다. 하지만 단어와 명칭은 물론 중요하다. 특히 그것이 초기 채택자들의 소그룹을 넘어서 이동할 경우에 그러하다. 그 결과 '인류세'라는 크뤼천의 다소 충동적인 용어 선택은 결코 이상적이지 않았을 가능성이 있는 것이다.

그런데 역사학을 포함한 인문학적 관점에서 인류세라는 명칭과 개념은 우려를 자아낸다. 호주의 윤리학자인 클라이브 해밀턴은 "인류세라는 관념이 자리 잡음과 거의 동시에, 사람들은 그 의미를 수정하고 그 함의를 왜곡하기 시작하였다"라고 지적하고 있다(Hamilton 2014). 해밀턴은 소위 '생태 근대주의'

를 주장하는 미국 Breakthrough Institute의 마이클 셸렌버거와 테드 노드하우스는 인간이 '좋은 인류세'를 공학적으로 만들어 낼 수 있다고 주장하기 시작했다고 알려 준다. 이러한 낙관적 견해의 옹호자들은 인간이 방대하고 전례가 없는 지구공학적 프로젝트들을 통해 지구온난화의 효과를 관리할 수 있다고 주장한다. 예를 들면, 거대한 양의 황산염 에어로졸 입자들을 상류 대기층에 분사함으로써 태양의 열을 반사하여 우주로 돌려보내는 것이 실현 가능할 수 있다고 한다. 다른 프로젝트는 인간이 세계 해양을 비옥화하여 탄소흡수 식물의 성장을 촉진하도록 만듦으로써 대기로부터 보다 많은 이산화탄소와 기타 지구온난화 가스들을 제거할 수 있다고 주장한다(Hamilton 2013: 57-71). 그러한 기술적 약속들에 고무되어서 한 생태 근대주의 접근의 옹호자는 "우리는 인류세를 위기가 아니라 인간 주도적 기회로 가득 찬 새로운 지질학적 시대의 시작으로 보아야 한다"라고 결론을 내리고 있다(*ibid*.: 203).

해밀턴은 그러한 '좋은 인류세'의 약속은 그것이 "우리의 생활방식을 변화시킬 모든 필요를 면제해 주기 때문에" 폭넓은 호소력을 지닌다고 지적한다. 하지만 그는 생태 근대주의자의 주장은 고통 없는 기술적 해결책을 약속함으로써 지구온난화 가스들의 생산을 감축하는 보다 공격적인 국제적 조치들을 지연시킬 수 있다고 경고한다. 더 나아가서 그러한 조치들이 지연될수록 인간은 위험한 지구공학적 프로젝트들에 관여할 수밖에 다른 선택지가 없을 수 있고, 이는 엄청난 재난을 초래할 잠재성이 있다고 지적한다. "우리는 자신을 속이고 자신의 미덕을 부풀리기 원하는 성향으로 인해, 지구공학이 제안되는 상황에 스스로 처하게 만든다"라고 해밀턴은 날카롭게 지적한다(*ibid.*: 182).

지구의 새로운 지질학적 시대를 오직 인간을 따라 명명하기를 제안함으로써 인류세의 주장자들은 스스로를 딜레마의 함정에 빠뜨리고 있다. 인간들이 그러한 명명을 정당화할 만큼 정말로 강력하다면, 적어도 이론적으로 그들은 동일한 힘을 사용하여 좋은 인류세를 만들 역량이 있을 수 있다는 명제에 반대하기가 어렵다. 아마도 이러한 모순을 인식하고서 인류세 주장차들은 그 용어의 암묵적 오만을 최소화하려고 시도하였다. 2011년의 기사에서 파울 크뤼천과 그의 공저자인 환경저널리스트 크리스티앙 쉴베걸은 인간들이 "기후부터 DNA까지 자연의 영역을 통제하게 되었다"라는 점에 주목하면서 인간 종이 독특하게 강력해졌다는 관념을 자유롭게 수용한다(Crutzen & Schwägerl 2011). 그러나 그들은 그러한 인간 힘이 인류세 용어를 정당화한다는 걸 함의하고 난 후, 그것이 인간종에 대한 프로메테우스적 견해를 지지하는 것으로 이해되어선 안 된다고 주장한다. 그들은 인류세가 "인간 오만의 또 다른 사인을 나타내기보다는 지구의 목자로서 인류가 지닌 막대한 책임을 강조하는 것"이라고 주장한다. 즉 인류세라는 용어는 "우리의 지능과 창조성이 지닌 방대한 힘과 그것이 미래를 형성하는 데 제공하는 기회들을 조명한다"는 것이다. 여기서 인간의 자기과시를 제한하고자 하는 필자들의 소망은 진지하게 느껴진다. 하지만 인간의 지능과 창조성이 지닌 "방대한 힘"을 조명하는 것이 어떻게 "인간 오만의 또 다른 사인"이 아닌 다른 것으로 간주될 수 있는지 이해하기는 어렵다. 이 기사의 다른 부분에서 크뤼천과 쉬베걸은 심지어 스스로 생태 근대주의자처럼 들릴 수 있는 주장을 한다. 즉 그들은 "인간의 시대에 살고 있음을 인식하는 것은 우리 사회들에 절실히 필요한 생태 낙관주의를 주입해 줄 수 있다"라고 주장하기 때문이다. 이와 마찬가지로 필자들은 인간이 자연 세계를 떠났다는 근대주의적 신념에 기이한 비틀림을 주면서, 독자에게 "기억하라, 이 새로운 시대에는 자연이 우리다"라고 훈계한다. 필자들은 인간이 과거에는 비자연적이었거나 기껏해야 환경의 조작자였다는 걸 뜻한다고 보았다. 하지만 이제는 인간의 기술적 능력이 너무 방대해져서 그들이 자연 자체가 되었다는 것이다. 여기서 주목할 것은 필자들이 이 방대한 인간의 힘이 애초에 어디서부터 왔느냐에 대해선 아무 설명의 시도도 하지 않고 있다는 점이다.

심지어 인류세 문제에 대한 믿음직한 안내자인 클라이브 해밀턴조차 끝에 가서는 머뭇거린다. 그는 생태 근대주의자들의 순진한 낙관주의에 내재한 아이러니를 주목하면서, 본질적으로 그들은 "인류의 완전 가능성에 대한 우리의 신념을 배가하고" 근대주의적 합리주의와 기술적 해결책에 대한 보다 큰 믿음을 지니기를 우리에게 요구하고 있다고 지적한다. 해밀턴은 "하지만 문제가 우리의 사고방식에 있을 경우 어떻게 우리는 문제로부터 벗어날 길을 생각할 수 있겠는가?"라고 올바른 질문을 던진다. 그러나 이렇게 질병을 올바로 진단하고 난 후에, 해밀턴은 논리적 치유책을 수용하기를 이상하게 꺼리는 것으로 보인다. 그런 치유책이란, 근대주의적 세계관을 모두 버리고 모든 인간의 힘, 문화, 기술은 상당한 정도로 자연적인 물질세계의 창조물이라는 가능성을 기꺼이 받아들이는 것이다. 해밀턴이 이러는 이유는, 수십 년 동안 인문학자들이 물질적 환경의 중요성을 최소화하는 사회 구성주의 및 기타 포스트모던 이론들을 강조해 왔다는 데 부분적으로 기인한다. 이 때문에 인문학자들에게는 어떻게 인간이 지구 위의 다른 모든 동물과 그렇게 달라질 수 있었는가를 분명히 설명하면서도 인간을 다시 물질세계로 돌려보낼 수 있는 아무 효과적인 수단이 남지 않게 되었다. 이를 위해서는 인간을 탈중심화하면서 대신에 물질세계가 인간을 형성하고 함정에 빠뜨리는 다양한 방식들

을 강조하는 것이 필요한데, 이에는 21세기 초에 대두된 신유
물론 패러다임이 가능한 해결책을 제공해 줄 수 있다고 나는
본다.

3.　　　　　　신유물론 패러다임이란 무엇인가?

　신유물론에서는 세계와 역사가 물리적인 것과 생물적인 것
에서 시작하여 심리적, 사회적, 문화적인 것에 걸치는 다양한
물질적 힘들에 의해 생산된다고 간주한다. 신유물론 접근들에
서 다루어지는 물질성은 다원적이고, 개방적이며, 복잡하고,
불균등하며, 우연적이다. 또 그러한 물질성은 자연 세계와 사
회 세계의 경계를 가로지르며, 일부 신유물론 학자들에 의하
면 부동의 수동적 물질이 아니라 생기성과 활기가 부여되어
있다(Bennett 2010). 이러한 신유물론은 내재성의 존재론으로 묘
사되어 왔다. 즉 신, 운명, 진화, 생명력, 메커니즘, 체계 또는
구조와 같은 토대적 또는 초월적 힘에 의존하지 않고 세계를
바라보는 관점이라는 말이다. 여기에서는 다음과 같은 세 가

지 측면에서 신유물론의 핵심적 특징을 제시하고자 한다.

1) 물질의 다원적 잠재성: 어셈블리지^{assemblage}

인간 신체, 사물, 조직과 같은 실체들은 본질적 특징을 갖고 있지 않다. 어떤 신체가 무엇을 할 수 있느냐는 전적으로 그것의 맥락에 달려 있다. 한 맥락에서 나는 강사이고, 다른 맥락에서는 정원사이며, 또 다른 맥락에서는 남자 친구이다. 나의 역량은 내가 상호작용하거나 결집^{assemble}하는 관계에 따라 창발된다.

신유물론의 일원론적 사회세계에서는 관계적 실체들(신체, 사물, 조직, 사회집합체)이 서로 감응을 주고받는 그들의 역량 때문에 결집한다. 모든 사건 또는 상호작용은 이런 의미에서 일종의 어셈블리지라고 이해할 수 있다. 생기적 유물론자인 베넷은 어셈블리지를 다음과 같이 묘사한다(Bennett 2005: 445).

"첫째, 어셈블리지란 임시적 집단화로서, 그 기원이 역사적이고 상황적인 집합체지만 그 우연적 지위가 그것의 효능에 대해 말해 주는 것은 아무 것도 없음(즉 효능은 매우 강력할 수 있음). 둘째, 어셈블리지는 살아 있고 약동하는 집단화로서 그 정합성은 어셈블리지를 능가하고 혼란시키는 에너지 및 반문화와 공존함. 셋째, 어셈블리지는 불균등한 지형을 지닌 그물망으로서, 행위소들의 궤적들이 서로 교차하는 어떤 지점들은 다른 지점들에 비해 교통이 혼잡하며 따라서 권력은 어셈블리지를 가로질러 평등하게 분포되지 않음. 넷째, 어셈블리지는 중심 권력에 의해 지배되지 않음. 어떤 한 구성원도 그 어셈블리지의 활동 결과를 충분히 결정할 수 있는 충분한 능력을 지니지 않음. 다섯째, 어셈블리지는 많은 유형의 행위소들(인간과 비인간, 동물과 식물 및 광물, 자연과 문화 및 기술 등)로 구성됨."

이러한 어셈블리지에는 자연세계와 사회세계의 경계를 가로질러 형성되는 다양한 결집체들이 포함된다. 데란다는 파슨즈의 기능주의부터 기든스의 구조화이론에 이르기까지 사회학을 폭넓게 형성해 왔던 사회의 '유기체' 모델을 과감히 탈피하는 새로운 사회철학을 이 어셈블리지 개념을 적용하여 제시하려는 시도를 보여 주었다(DeLanda 2006). 즉 그는 사회가 '내부성의 관계relations of interiority'에 기초한 유기체가 아니라, '외부성의 관계relations of exteriority'에 기초한 어셈블리지가 더 적실성이 있는 모델이라고 주장한 것이다.

2) 물질의 활기: 감응affect

신유물론에서는 모든 물질이 감응을 주고 감응을 받는affect/be affected 역량이 있음을 인정한다. 따라서 물질은 활기가 있고, 일부 학자들은 물질이 생기가 있다고 말한다. 물질은 불안정하고, 예측불가능하며, 끊임없이 변동하는 방식으로 결집한다. 이는 우리 관심의 초점을 인간 행위성으로부터 모든 물질의 감응성affectivity으로 이동하게 만든다.

인간들만의 역량을 뜻했던 '행위성' 대신에, 신유물론은 한 어셈블리지 안의 모든 상이한 물질성들이 다른 어셈블리지들에 감응을 주거나 감응을 받는 역량을 지닌다고 간주한다(Deleuze 1988: 101). 따라서 인간들은 이러한 존재론에서 더 이상 원동력이 아닌 것이다. 한 어셈블리지 안의 감응들이 나타내는 집합적 '경제'는 그 어셈블리지(그리고 그것을 구성하는 인간 및 비인간 관계들)가 무엇을 할 수 있는지를 결정한다(Clough 2004: 15). 이렇게 행위하고 상호작용하거나 느끼는 역량들은 관계의 내재적이거나 본질적인 속성에 기인한 것이 아니며, 관계들 간의 상호작용의 결과로서 창발된다. 어떤 관계(그것이 인간이든 비인간이든, 생물이든 비생물이든)가 지닌 역량의 폭은 그것이 행하는 감응적 상호작용들의 풍부함에 전적으로 달려 있다.

3) 평평한 존재론: 이원론에서 일원론으로

신유물론의 존재론은 '평평한' 또는 '일원론적'('이원론적'이 아니라) 존재론이라고 묘사되어 왔다. '자연'과 '문화' 영역 사이, 인간과 비인간 사이, 구조 대 행위, 이성 대 감정, 그리고 아마 가장 중요하게는 정신과 물질 사이에 차이를 부정하기 때문이다(van der Tuin & Dolphijn 2010). 하지만 역설적으로 이 평평한 존재론은 보편주의로의 움직임 또는 사회적인 것 또는 주체성에 대한 단일한 관점으로의 움직임이 아니라, 오히려 그들이 대체하는 이분법들을 능가하고 압도하는 다중성과 다양성을 열어 주는 역할을 한다.

또한 평평한 존재론은 일상생활의 활동 및 상호작용의 표면을 넘어(또는 그 심층에) 존재하는 위계, 체계 또는 구조로부터 우리가 관심을 돌려 일상생활 자체로 재초점화하도록 만든다. 신유물론의 존재론에서는 현실에서 작동하는 심층의 어떤 구조, 체계 또는 메카니즘도 없다. 대신에 존재하는 것은 '사건들events'뿐이다. 즉 세계와 인간 역사를 함께 생산하는 자연과 문화의 물질적 효과들을 포괄하는 사건들의 끝없는 폭포만이 있을 뿐이다.

사건들/어셈블리지들의 관계적 성격과 그들의 물리적, 생물적, 표현적 구성 탐구는, 어떻게 사회들과 문화들이 작동하는가에 대한 구조적 또는 체계적 '설명들'을 통해서가 아니라 우리를 둘러싼 세계를 생산하는 지속성, 유동성, '생성들'을 설명하는 사회과학의 수단이 된다(Latour 2005: 130). 이것은 사회과학 연구에 중요한 함의를 지니는데, 즉 우리가 사건들 안에서 일어나는 특수한 상호작용들에 초점을 맞추도록 요구하는 것이다.

신유물론 패러다임에는 감응이론부터 비재현이론까지 다양

한 관점들이 포함되는데, 이러한 넓은 폭에도 불구하고 그 모두는 포스트휴먼적이고 탈인간중심적이며, 물질적으로 배태되고 체현되어 있으며, 관계적이고 우연적이란 특징을 지닌다고 할 수 있다. 아래에서 신유물론패러다임에 포함되는 가장 대표적인 개별 이론 4가지를 간략히 살펴보고자 한다.

1) 브뤼노 라투르: 행위자-연결망이론

라투르가 대표적 학자인 행위자-연결망이론Actor-Network Theory(약칭 ANT)은 일부 사회과학자들에겐 이미 친숙할 수 있다(김환석 2011; 블록 & 옌센 2017). 그것은 인간과 비인간 '행위소들'을 포함하는 일시적인 관계적 연결망 또는 어셈블리지에 행위성을 부여하는 것으로 유명하다. 이러한 관점으로부터 사회생활은 "그 안에서 사회적인 것, 기술적인 것, 개념적인 것, 텍스트적인 것이 함께 조립되는" 일종의 이질적 공학이라고 주장한다(Law 1992: 381). ANT는 단지 자연/문화의 이항대립뿐 아니라 사회학에 매우 중요한 행위/구조의 이원론도 붕괴시킨다. 라투르는 사회적 과정들을 심층 또는 저변의 구조 또는 메카니즘에 의해 설명하는 비판적 실재론과 마르크스주의와 같은 접근들에 대해 비판적이다. 라투르에 의하면, 기존 사회학에서 설명요인으로 등장하는 '자본주의', '가부장제' 또는 '헤게모니적 남성성'은 그 자체가 설명되어야 할 필요가 있는 대상들이다(Latour *ibid.*: 130~131).

2) 들뢰즈와 과타리: 생성의 미시물리학

들뢰즈와 과타리의 유물론은 인간 신체와 모든 다른 물질적, 사회적, 추상적 실체들을 관계적이라고 본다. 이러한 실체들은 감응을 주거나 감응을 받는 그들의 역량을 통해 다른 유사하게 우연적이고 단명하는 신체들, 사물들, 관념들과 더불어 '어셈블리지들' 속에 함께 끌려 들어가기 전에는 아무런 존재론적 지위나 정체성을 갖지 못한다는 점에서 그러하다(Deleuze & Guattari 1988: 88). 그러한 역량들—스피노자를 따라서 들뢰즈는 이를 단순히 '감응'이라고 부름—은 물리적일 수도, 생물적일 수도, 심리적일 수도, 사회적일 수도, 정치적일 수도, 또는 감정적일 수도 있다. 어떤 감응은 어떤 신체 또는 기타 관계의 역량을 특수화 또는 '영토화'하는 반면에, 다른 감응은 그들이 할 수 있는 것을 일반화 또는 '탈영토화'한다. 어셈블리지들 내에서 감응의 흐름은 상호작용 중에 역량을 추가함으로써 결과적으로 생명, 사회, 역사가 펼쳐지게 만드는 수단이 된다.

3) 캐런 바라드: 유물론적 존재-인식론

페미니스트인 캐런 바라드의 유물론은 그 영감을 양자역학(특히 물리학자 닐스 보어의 이론)에서 끌어 왔는데, 양자역학에 따르면 외견상 독립적인 입자들도 얽혀 있으며 관찰 행위가 관찰 결과에 영향을 주는 것으로 보인다고 한다. 현상은 절대적이 아니라 전적으로 맥락-특수적이며, 실재의 순수한 '본질'을 드러내는 방법이란 없다. 문화와 자연은 차별적으로 특권화될 수 없고, 바라드가 주장하듯이 "구성되었다는 것은 물질성을 부정하지 않는다"(Barad ibid.: 181). 양자역학은 '물질적-문화적'인 과학적 실천을 위한 토대를 제공하는데, 이는 독립적 관찰자와 독립적 관찰대상 간의 구분에 기초한 것이 아니라, "의미와 물질, 언어와 세계 사이의 운동을 통해 지식과 존재가 만나는 '중간'에서.. 경계를 탐구하고 재규정하는"(ibid.: 185) 실천이다.

4) 로지 브라이도티: 포스트휴먼과 포스트-인문학

브라이도티의 관심은 생명을 지니고 살아 있는 신체의 물질성에 있고, 신체와 주체성에 대한 체현되고 배태된, 페미니스트적이고 유물론적인, 유목적이고 포스트휴먼적인 이론을 개발하는 데 있다(Braidotti 2013). 그녀의 연구는 페미니스트 이론과 들뢰즈-과타리의 '유목주의'로부터 절충적으로 끌어왔다. 브라이도티는 포스트휴먼에 대한 그녀의 개념화를 인간중심적 인문학을 계승하는 '포스트-인문학'을 위한 철학적 토대로 사용하여 왔다. 그녀에 의하면, 포스트-인문학의 대상은 더 이상 '인간'이 아니라, 자연적이고 사회적인 세계의 변화와 생성의 과정들이며 인간과 비인간의 생태학(하나가 다른 하나와 구별되거나 특권화되지 않는)이다.

4. 신유물론에서 본 인류세 개념

앞 절에서 개요를 소개한 신유물론 관점에 따라서 생각해 볼 때 인류세 개념은 심각한 결함을 지니고 있다. 즉 그 개념이 표현하고자 하는 생물지구화학적 현상에 대해 근본적으로 인간중심적인 프레이밍을 하고 있기 때문이다. 이것은 그 용어 자체에서 분명히 드러난다. 대다수 사람들이 그 용어가 의미하는 바는 '최근의 인간 시대'라는 것을 알 만큼 충분한 그리스어와 지질학 명명법에 대한 지식은 없을 것이기 때문에, 많은 이들은 그것을 단지 '인간 시대' 또는 '인간들의 시대'로 번역할 것이다. 예를 들면 2011년 National Geographic의 기사에서 저널리스트 엘리자베스 콜버트는 심지어 제목을 "인류세-인간의 시대-로 들어가기"로 붙인 바 있다(Kolbert 2011).

공식적으로 인정된 지질학적 시대 중에서 다른 아무 것도

한 특수한 종을 위하여 이렇게 이름을 붙인 적은 없었다. 그러면 지구가 거쳐간 방대한 시간에서 겨우 몇 초에 불과한 과거 200년의 변화들에 기초하여 이렇게 이름을 붙이는 것을 정당화하는 근거란 무엇인가? 적어도 그 부분적인 대답은 인류세라는 용어가 단지 묘사적이 아니라 설명적인 의도를 갖는다는 점일 것이다. 분명히 이것이야말로 인류세 용어가 지질학계 외부에서 그렇게 큰 관심을 불러일으키고 있는 이유라고 생각된다. 적어도 대중의 상상력에서는 인류세란 인간들이 창조했기 때문에 '인간들의 시대'이다. 이때 사용되는 동사는 다양하고—창조하다, 초래하다, 영향을 주다 등등— 그 의미도 종종 불분명한 경우가 많다. 하지만 대부분의 사람들에게 인류세라는 용어는 인간들이—그리고 오직 인간들만이— 이 시대를 존재하게 만들었다는 사실을 의미하는 건 분명하다고 보인다. 더 나아가서 인간들은 적어도 어느 정도의 예견과 의도를 지니고 그렇게 했다고 일부 사람들이 결론을 내릴 가능성 또한 충분히 있다. 분명히 '인간'은 의도적으로 '인간의 시대'를 창조하려고 시도한 것이 아닐까?

신유물론에서 인류세 용어를 문제 삼는 것은 그 용어가 수반하는 바로 이런 광의의 의미들에 대해서이다. 인간의 의도라는 관념은 쉽게 퍼져나갈 수 있다. 적어도 매우 최근까지, 지구의 생물지구화학적 사이클에 어떤 근본적인 변화를 초래하려고 인간들은 결코 계획하지도, 선택하지도, 또는 의도하지도 않았다고 말하는 건 논란거리가 아니었다. 다만 지구를 정복하는 것이 인간의 운명이라는 믿음만이 넓게 퍼져 있었을 뿐이었다. 인간들은 그들이 처음 식물과 동물을 사육하거나 석탄과 기타 탄화수소물을 연소시키기 시작할 때 그들이 나중에 어떤 상황에 빠질 거라는 데에 대해 분명히 아무 생각을 못 했고, 물질적 사물들과의 이러한 얽힘들을 그들이 의식적으로 추구할 것을 선택한 것도 결코 아니었다. 밀과 개와 같은 핵심적 식물과 동물의 초기 사육은 아마도 대체로 비의도적이었고 그냥 두 유기체들 사이의 상호 호혜적인 공진화co-evolution가 낳은 결과였다고 많은 학자들이 주장해 왔다(Zeder 2006). 늑대로부터 개로 인간이 '사육'시켰다는 가정에 대하여 에드먼드 러셀이 주장하듯이, 적 또는 포식자의 접근을 경고하는 것을 돕는 댓가로 인간들은 자신의 식량을 늑대와 기꺼이 나누어 먹도록 늑대들이 인간을 사육시켰다고 똑같이 쉽게 주장할 수 있는 것이다(Russell 2011). 물론 인간들이 지구에 중요한 변화를 의도적이고 의식적으로 일으킨 많은 예들이 있고, 이는 특히 최근에 그러하다. 어떤 동물 또는 기타 유기체를 멸종으로 몰고 간 노력(예컨대 늑대 또는 소아마비 바이러스 등)은 가끔 성공하거나 그에 근접한 바도 있다. 이와 마찬가지로, 인간들은 방대한 숲을 의도적으로 벌채하거나 사막지역을 강물의 경로 변경과 저장을 통해 개간하기도 하였다. 하지만 대부분의 경우 이렇게 의식적으로 계획되고 실행된 인간 활동들은 인류세 개념의 핵심적 초점이 아니다. 그보다는 지구적 기후변화와 인류세 사이의 밀접한 연계가 보여 주듯이, 인류세 용어는 대기와 해양의 지구적 변화를 일컫는 편리한 수단으로 종종 사용되고 있기 때문이다. 하지만 이 면에서 인간들이 그러한 지구적 규모의 지구화학적 변화들을 초래하려고 의도한 것은 아니었다는 게 분명하다. 대신에 그런 변화들은 탄화수소물, 비료, 그리고 기타 근대적 기술들의 대규모 사용이 낳은 대체로 비의도적인 결과들이었다. 심지어 최근의 생물 대멸종도 의도한 것이라기보다는, 주요 서식지를 인간이 파괴한 것이 낳은 이차적 결과로서 보아야 한다.

보다 중요한 점은, 이렇게 인간의 의도 또는 의식적 선택이 없었다는 사실이 인류세 개념에 대한 신유물론 비판의 보다 깊은 측면을 가리킨다는 것이다. 그것은 인간들이 이러한 지구적 변화를 자신의 힘만으로 창조한 것이 아니라는 사실이다. 즉 많은 변화는 인간들이 강력한 물질적 사물들과 형성했던 협력관계의 결과였고, 이 때 그런 사물들은 인간이 미처 예상하거나 의도하지 않았던 방향으로 종종 인간들을 몰고 갔다는 것이다. 여기에 고고학 이론가인 이언 호더의 '얽힘entangling' 개념이 매우 유용하다(Hodder 2012). 인간들은 석탄 또는 밀 같은 본질석으로 수동적인 물질들을 자신의 목적을 위해 사용하기를 선택했다고 믿기를 좋아하고, 어떤 면에서 이는 진실이다. 분명히 땅 속의 석탄은 인간이 그들을 채굴하여 연소하도록 강요하지 않았고, 이는 야생의 밀이 인간으로 하여금 그들을 수확하여 집으로 가져가도록 강요하지 않았던 것과 마찬가지다. 그러나 그렇다고 해서 석탄을 연소시키고 밀을 재배하는 것으로부터 귀결되는 사건들의 흐름에 인간들만이 책임이 있다고 결론 내리는 것은 똑같이 비상식적이며, 이런 결론은 인간과 문화를 물질세계의 외부로 확고하게 위치시킴으로써만 유지될 수 있다. 호더가 주장하듯이 인간은 석탄이나 밀과 같은 물질적 사물들을 처음에는 매우 제한적이고 즉각적인 필요를 충족시키기 위하여 '사육'하였다. 하지만 일단 인간들이 자신의 힘을 늘리는 데 석탄이 지닌 엄청난 능력을 인식하게 되자, 인간들은 석탄과의 관계를 지속하고 유지하는 데 점점 더 얽히게 되었다. 이는 정치학자 티머시 미첼이 『탄소민주주의』라는 책에서 주장하듯이, 석탄의 물질적 성격은 심지어 민주국가와 같은 현상―인간들은 그것이 순전히 추상적이고 비물질적인 문화의 산물이라고 사후에 주장하지만―을 창조하는 걸 돕기도 하였던 것이다(Mitchell 2011). 인간들이 석탄을 형성한 것보다 훨씬 더, 석탄이 그것을 사용하는 인간들을 형성했던 것이다.

앞에서 논의했듯이, 인류세의 정확한 출발점은 논쟁거리이다. 크뤼첸과 다른 많은 학자들은 영국의 산업혁명이 증기 에너지를 사용하기 시작한 1800년을 출발점으로 제안하였다. 하지만 이러한 산업혁명도 순수한 인간 창조물은 전혀 아니다. 에드먼드 러셀은 이 최초의 산업혁명에서 중요한 구성요소는 신세계의 원주민과 더불어 수 세기 동안 공진화해 왔던 식물로부터 장섬유 면화long-staple cotton를 영국인이 이용할 수 있게 되었다는 사실이라고 지적하였다(Russell 2011: 54~70). 이 특별한 장섬유 면화는 새로운 역학적 방직 및 방적 기계들—나중에 점점 더 석탄을 연료로 한 증기기관으로 추동되었던—이 부과하는 거친 작업에 보다 잘 견딜 수 있었기 때문이다. 이 모든 과정에서 면화가 행하였던 핵심적 역할이 산업혁명을 연구한 초기 역사학자들에 의해 무시되었다는 사실은, 역사학이 인간 창조성에 대해 추상적 이해를 찬양하면서 물질적 요인을 주변화하였던 경향을 잘 보여 주는 사례라고 러셀은 말한다(ibid.).

요약하자면, 신유물론 관점은 영국의 산업혁명 같은 중요한 역사적 사건들은 단지 인간들과 비물질적 문화 또는 지능의 산물이 아니라, 그것들이 협력관계를 이루었던 석탄과 면화 같은 물질적 사물의 산물이기도 하다는 점을 우리가 인식하도록 요청한다. 그러나 만일 비인간 물질적 사물들이 우리의 지구적 환경에 심대한 변화를 가져오는 데 그렇게 중요한 역할을 행하였다던, 왜 우리는 그러한 시대를 오직 우리의 이름을 따라 명명하기를 원하는가? 그 해답은 인류세 개념이 인간과 문화가 물질세계와는 전적으로 구분되는 것이라는 기존의 근대주의적 견해에 도전하는 것이 아니라 그것을 반영하기 때문이다. 즉 인간과 문화가 물질세계를 형성하고 아마도 그것에 의해 영향을 받을 수는 있지만, 결코 근본적으로 물질세계의 일부라고 간주하지 않는 것이 근대적 견해이기 때문이다. 다른 말로 하자면 인간과 문화는 근본적으로 비자연적인 것이라 본다. 이것은 매우 문제점이 많은 관념인데, 왜냐하면 그것은 물질적 환경을 조작하는 인간의 사회적, 문화적, 기술적 능력을 매우 과장하기 때문이다. 더 나아가서 인류세 개념은 지구적 문제를 창조하는 데 인간들이 행하는 역할을 과대평가함으로써, '좋은 인류세' 옹호자들에게서 볼 수 있듯이 그것은 또한 지구적 문제를 해결할 인간의 힘을 우리가 과대평가하도록 만든다. 티머시 미첼이 보여준 것처럼, 인간 문화를 물질세계로부터 인위적으로 분할하는 것은 종종 엘리트 지배를 정당화하는 데 봉사한다(Mitchell 2002). 특히 기술관료들은 물질적 환경과 그것을 조작하는 데 사용하는 기술이 정치의 사회문화적 영역과는 완전히 구별되는 것이라고 주장하면서, 그들이 어떤 민주적 감사나 통제로부터도 자유로워야 한다고 주장해 왔다. 그러나 앤디 클라크가 주장하듯이, 만일 환경에 대한 이러한 변화 역시 인간으로서의 우리 자신의 본성에서 변화를 구성하는 일부라는 게 옳다면, 아무 고통이 없이 편리한 '기술적 해결책'이 성공할 가능성은 없는 것이다(Clark 2008). 대신에 우리 인간들은 우리의 집합적 운명을 점점 더 어두운 방향으로 이끌어 온 일부의 매우 강력한 물질적 사물들로부터 자신을 탈얽힘disentangling하는 매우 어려운 과정을 거쳐야만 하는 것이다.

5. 신유물론에서 본 신자유주의

사회과학의 여러 패러다임들을 비교하는 것은 단지 그들 각각이 지니는 학문적 가치 뿐만이 아니라 이른바 '인간 자유'와 '사회 진보'에 관련된 정치적 함의에 대해 우리가 관심을 두기 때문이다. 특히 진보적 정치를 대표하는 사회과학 이론으로 간주되어온 '구유물론'(마르크스주의)과 비교할 때 과연 '신유물론'은 어떤 성격을 갖는 것인지 모호하고 혼란스럽다는 문제제기가 있어 이에 대해 여기서 분명히 해명할 필요가 있다. 따라서 이 절에서는 구유물론과 비교할 때 신유물론은 어떤 정치적 성격과 의미를 갖는 것인지 제시하고자 한다.

먼저 이 절의 결론부터 말하자면, 구유물론이 17세기부터 대두한 고전적 자유주의에 대해 내재적 비판과 도전을 제공했듯이 신유물론은 오늘날의 신자유주의에 대하여 내재적 비판과 도전을 제공한다는 것이다. 존 로크와 아담 스미스 같은 고전적 자유주의자들은 인간이 각 개인에 내재하는 어떤 권리들을 지닌다고 믿었다. 자유주의는 개별 인간을 사회의 근본적인 단위로 보았고, 개인은 완전히 자유롭고 자율적인 존재였다. 개인의 권리는 자연적인 것이어서 국가의 형성보다도 선행한다고 보았다. 국가는 개인들을 보호하는 제한된 역량 내에서만 존재하고 기능해야 한다고 믿었다. 인간은 국가보다 먼저 그리고 독립적으로 존재하는 자연적 창조물이고, 국가의 모든 행위는 이러한 자연의 상태를 고려해야만 한다고 믿었다. 따라서 고전적 자유주의자들은 자연적 질서와 비자연적 질서가 있다고 보았는데, 인간들이 자유롭고 자율적이면 자연적 질서이고 그렇지 못하면 비자연적 질서라는 것이다. 이때 인간은 '호모 사피엔스'라는 독특하고 독립적인 종으로 보았다.

그러면 신자유주의의 경우에도 이와 동일한 인간관을 지니는가? 얼핏 보아서는 그런 것 같지만, 신자유주의의 인간관은 고전적 자유주의의 인간관과 크게 다르다. 푸코가 『생명정치의 탄생』에서 주장한 것처럼, 신자유주의는 '호모 사피엔스'로서의 인간이 아니라 '호모 에코노미쿠스'로서의 인간을 전제로 하기 때문이다. 신자유주의 하에서 인간은 더 이상 자연적(또는 내재적) 권리를 지녔기 때문에 인간이 아니다. 그 대신에 한 인간을 인간으로 만드는 것은 경제적 행위자로서 기능해야 할 개인 책임이다. 그러한 기능을 방해하는 것은 무엇이든 간에 인간 자유에 대한 공격으로 간주된다. 신자유주의의 가장 중요한 사상가인 하이에크는 『자유의 헌법』(1960)에서, 인간 본성의 법칙은 그리 자연적이거나 자명한 것이 아님을 주장하였다. 그는 개인 자유의 필수적 부분으로서 개인 책임의 중요성을 강조하였고 이것이 모든 자유 사회의 근본을 이룬다고 보았다. 그러나 자연적 권리만을 주장하는 고전적 자유주의에서는 이런 개인 책임이 정체 또는 결여될 수 있다고 비판하면서, 국가가 개인 책임을 자극하는 환경을 배양할 책임이 있다고 주장하였다. 인간은 행위의 개인 책임을 질 경우에 진정하게 자유로우며, 이 때 행위란 단지 철학적 현상이 아니다. 행위란 경제성장의 목적에 기여하는 것이다. 즉 자유란 단지 강제로부터 벗어날 자유가 아니라 경제적으로 행위할 자유인 것이다. 따라서 신자유주의에서 인간은 여전히 개인이고, 자율적이며, 심지어 중심적인 존재지만, 고전적 자유주의와는 전혀 상이한 이유 때문에 그러하다. 인간의 개인성, 자율성, 중심성은 자연에 의해 부여된 내재적 권리가 아니라, 모두 '호모 이코

노미쿠스'로서의 역할이 지닌 특징들인 것이다.

마르크스는 고전적 자유주의에서 개인의 자유를 자연적 권리로 인정하는 것이 지니는 결함을 어느 정도 알고 있었다. 다른 인간들의 자유를 침해하지 않는 한 인간들은 자연에 무엇을 하든 자유였고 이는 자연에 재앙적 함의를 지닌 것이었기 때문이다. 자본주의 시스템은 마르크스가 '생산수단'이라 부르는 것을 필요로 했고, 자연은 이 생산수단으로 봉사할 원재료를 제공한다고 보았다. 『자본』의 서두에서부터 마르크스는 인간과 자연의 관계를 '신진대사'의 관계라고 묘사했는데, 그 안에서 에너지는 자연의 생산과 파괴를 통해 창출되고 이러한 신진대사의 추동력은 노동이라고 보았다. 이 신진대사의 은유는 자연에 대한 인간의 관계가 문제를 내포하고 있음을 함축하는데, 그것은 퇴화와 희소성의 이중 위협이다. 즉 마르크스는 인간이 자연을 퇴화시키고 소진할 수 있음을 인정함으로써 인간/자연 이항대립에 대해 주의를 환기하는 역할을 하였다.

그러나 마르크스 자신도 궁극적으로 고전적 자유주의의 휴머니즘 계보에 속한 사상가였다. 이 휴머니즘 하에서 인간들은 자신의 마음대로 자연세계를 경작하고 이용하도록 내버려두어야 한다고 믿었다. 시민사회와 자연 상태 사이에 분리가 있을 뿐 아니라, 인간과 자연 자체 사이에도 역시 중요한 구분이 있다고 보았다. 역사학자 디페시 차크라바티는 그것을 "자연 역사와 인간 역사 사이의 해묵은 휴머니즘적 구분"이라고 묘사한다(Chakrabarty 2009:201). 즉 인간은 자신이 만들었으므로 인간 역사만을 이해할 수 있는 반면, 자연과 자연 역사는 신이 관할하는 영역이라고 보았던 것이다. 자연이 인간 존재와는 존재론적으로 독립적인 영역이라 상상될 경우, 인간은 자신이 다른 인간들을 취급하는 것과는 다르게 자연을 취급하게 된다. 인간과 자연의 이러한 철학적 분리로 인해, 고전적 자유주의 하에서 자유에 대한 논의는 인간 존재들이 자유를 획득하는 것과 동시에(그리고 그와 밀접히 연계된 과정을 통하여) 또한 지질학적 행위성을 획득하고 있었다는 점에 대해 어떤 인식도 없었던 것이다. 차크라바티에 의하면, 오늘날의 기후변화는 인간이 자연으로부터 완전히 분리되어 존재한다는 환상을 부수어 버림으로써 이러한 분리를 충분히 뒤집을 만한 큰 위기를 나타낸다.

자유주의 휴머니즘은 자연을 인간 밖의 다른 세계라 보았고, 따라서 인간 행동과 무관하게 자연 자체의 길을 따라갈 것이라고 믿었다. 마르크스가 생산수단으로서 자연이 퇴화와 소진의 한계를 지닌다고 지적한 것은 이러한 자유주의 휴머니즘에 대한 비판으로 적합했다. 그러나 신자유주의는 인간과 자연을 모두 경제적 실체들로서 시장 논리에 종속된 것으로 취급한다. 이 논리는 인간에 대해 근본적으로 다른 견해에 기초한 비판, 즉 인간과 자연을 이항대립으로 보지 않는 견해를 필요로 한다. 마르크스가 인간과 자연의 분리를 비판한 것은 적절했지만, 그 역시 인간중심적인 철학자였고 인간/자연 구분을 부정한 것은 전혀 아니었기 때문이다(김환석 2018). 그러나 신자유주의는 마르크스가 인간/자연 이항대립 하에서 내재적 비판을 했던 고전적 자유주의와는 전혀 다른 종류의 휴머니즘을 발전시켰다. 신자유주의 휴머니즘은 인간을 중심으로 시장이 돌아가게 하기보다는, 인간을 시장에 순응하게 만든다. 인간과 자연은 모두 시장의 일부로서 동일한 경제적 조건 속으로 평평하게 편입된다. 양자가 동일한 시장 논리에 흡수되기 때문에 인간과 자연의 이항대립은 더 이상 작동하지 않는다. 신자유주의는 마르크스가 강조한 자연의 퇴화와 희소성을 믿지 않을 뿐더러, 인간 또는 자연을 시장으로부터 보호할 필요는 더욱 느끼지 않는다. 왜냐하면 무슨 문제가 발생하든 시장이 언제나 그 해법을 제공하기 때문이다. 만일 기업이 어떤 자원의 퇴화 또는 희소성의 원인이라면 그 해법은 해당 기업 자체가 그 임시적 문제점을 수선하기 쉽게 만들어 주면 되는 것이다. 인간, 자연, 경제에 대한 이해에서의 이러한 변화는 우리가 마르크스의 비판을 확장하고 보완할 필요를 갖게 만든다. 이제 우리가 필요로 하는 것은 인간을 존재론적으로 분리하여 세계의 중심에 놓지 않는 비판이기 때문이다.

신유물론은 평평한 존재론flat ontology를 따르는데, 이는 존재
하는 사물들의 유형 사이에 아무 구분을 하지 않고 모두를 동
일하게 취급하는 존재론이다. 따라서 신유물론과 신자유주의
는 양자가 인간과 자연 사이의 해묵은 구분을 폐기한다는(그러
나 매우 상이한 방식으로) 점에서 공통된 근거를 공유한다고 할 수
있다. 그것은 고전적 자유주의에 대한 마르크스의 비판이 그
러했던 것과 마찬가지로, 신자유주의의 결함을 보여 주기 위
해 그 근본적 가정—예컨대 휴머니즘에 대한—을 수용한다는
점에서 내재적 비판이다. 나는 인간/자연 이항대립을 신유물
론이 해체하는 것이 신자유주의 저변에 깔린 핵심적인 철학적
가정들에 대한 유물론적 비판을 확장할 수 있다고 믿는다. 신
유물론은 인간을 비인간과 존재론적으로 구분하지 않고 또 세
계 속의 인간 존재가 초래하는 지질학적 결과를 인식하기 때
문에, 신자유주의의 근본적 문제는 퇴화나 희소성이 아님을
드러낼 수 있다. 한마디로 신자유주의 경제에는 더 이상 '외부
성'이란 존재하지 않는다. 시장 합리성 '외부'에 존재하는 비경
제적 실체들로서의 '자연' 또는 '인간'을 신자유주의는 생각할
수 없기 때문이다. 퇴화와 희소성에 기초한 주장은 이제 비효
과적인데, 왜냐하면 자연 전체가 시장에 흡수되어서 시장으로
부터 분리할 수가 없기 때문이다. 따라서 신자유주의에 대한
비판은 우리가 이제 자연 개념을 모두 포기하는 것을 요청한

다. 신자유주의에서는 시장이 모든 것을 자신 속으로 흡수했기 때문에 인간의 문제들을 '자연'에 갖다 버리는 걸 허용하는 해묵은 고전적 자유주의의 구분들이 더 이상 통하지 않는다. 그렇다면 신유물론은 평평한 존재론 위에서 신자유주의가 함축하는 것과는 어떻게 다른 정치를 제시할 수 있을까?

인간/자연 이항대립을 폐기하는 데는 두 가지 방식이 있을 수 있다는 점에 우리가 주목할 필요가 있다. 신자유주의적 방식은 자연의 모든 것을 인간의 경제적 목적에 흡수함으로써 그것을 폐기하는 것이고, 이는 생태 파괴로 인해 지구 행성 전체의 생존가능성을 위협하는 결과를 가져온다. 이와 반대로 신유물론은 인간의 모든 정치를 생태계에 배치하는 방식으로 이항대립을 폐기함으로써 지구 행성을 살리는 것을 추구한다. 라투르는 이 두 가지 길을 각각 "근대화"와 "생태화"로 부르고 있다(Latour 1998). 신유물론자인 마레스와 베넷은 "생태화"를 위한 정치의 새로운 주체로서 인간들뿐 아니라 비인간들도 포함하는 확대된 '공중the public'의 개념을 제안하며, 이러한 공중은 어떤 이슈 이전에 존재하는 것이 아니라 이슈에 반응하여 출현한다는 것을 강조한다(Marres 2005; Bennett 2010). 신자유주의적인 경제적 합리성 하에서는, 경제성장으로 귀결되는 모든 것들이 용인되고 모든 존재는 이 논리에 종속된다. 역으로 신유물론이 추구하는 공중적 합리성 하에서는, 공중 번영으로 귀결되는 모든 것들이 용인된다. 따라서 신유물론에서는 민주주의의 주체가 개별 인간이나 순수한 인간 집합체가 아니라, 이렇게 존재론적으로 이질적인 '공중'이 되는 것이다. 결론적으로 신유물론이 함축하는 정치는 고전적 자유주의는 물론이고 마르크스주의도 탈피하지 못한 인간중심적 정치에서 벗어난 탈인간중심적 성격의 생태적 정치라고 할 수 있다.

6. 신유물론이 인류세에 주는 함의

인류세 주창자의 적어도 일부는 인류세라는 용어와 개념이 지구적 기후변화와 같은 중대한 이슈들에 대해 대중을 교육하고 실천에 영감을 주는 데 유용하기를 분명히 희망하고 있다. 나는 그들의 노력이 지닌 진지함이나 그들의 목적 성취가 시급하다는 데 대해 결코 의심하는 것이 아니다. 하지만, 인류세 개념이 진실로 그러한 목적을 성취하는 효과적 수단인가에 대해 의문을 던지는 것이다. 오히려 그 개념은 '좋은 인류세'를 위한 지구공학이라는 생태 근대주의적 주장을 돕는 비생산적인 개념이라고 생각한다. 분명히 인류세 개념은 최근의 지구적 변화가 지닌 규모와 급속함에 우리의 주의를 돌리도록 만드는 좋은 효과를 지니고 있다. 하지만 의도했든 안했든 그것은 또한 애초에 이런 지구적 문제들을 초래했던 근대주의의 바로 그 동일한 관념들을 강화하는 경향이 있다. 그 관념들이란 다음과 같다. 인간과 문화는 물질적 환경과는 구분되는 것이라는 관념. 물질적 사물이란 인간이 자신의 의지에 따라 구부릴 수 있는 본질적으로 수동적인 '자연자원'이라는 관념. 인간은 자신을 제외한 나머지 모든 것을 포괄하는 '자연적' 물질세계로부터 풀려나 역사를 통해 스스로 길을 열어 간다는 관념.

신유물론 관점은 이와는 전혀 다르고 아마도 보다 유용한 생각을 제시해 준다. 그것은 인간과 문화는 인간 운명과 환경의 창조자가 아니라 그들을 끊임없이 창조하고 재창조하는 물질세계의 산물로서 이해하는 것이 최선이라는 생각이다. 이렇게 보자면 인간과 문화란 수십 만 년동안 지구와 그 물질적 힘들에 의해 형성되어 온 것인데, 우리 혼자서 새로운 지질학적 시대를 창조하였다고 주장하고 상상하는 것은 심대한 개념적 오류를 저지르는 일이다. 사실상 우리 시대가 우리에게 가르쳐 주는 가치 있는 것이 있다면, 그것은 인간들이 통제권을 쥔 것이 아니고 우리 인간들은 어떤 의식적 선택으로써 지금의 세계를 창조한 게 아니라 우리가 오직 부분적으로만 이해하는 강력한 물질적 사물들에 의해 휩쓸려 가고 있다는 사실이다. 우리가 예상하지 못했고 심지어 아직도 충분히 이해하지 못하는 문제들에 대해 기술적 해결책을 개발하려는 우리의 열광적인 시도들은, 근대의 기술적 세계가 인간들을 강하게 만들기보다는 약하게 만들며 회복되기보다는 취약하게 만든다는 걸 보여 주고 있다. 인간들은 현재 지배적인 종인 것처럼 보일 수 있지만, 그것은 지구 자체가 우리를 그렇게 되도록 만드는 걸 도왔기 때문이다. 우리는 어떤 초월적 지성 또는 정신의 창조물인 것만큼이나 석탄과 면화의 창조물이기도 한 것이다.

이러한 신유물론의 관점을 전달하는 데 적절하면서 인류세 개념만큼이나 영감을 주는 대안적 개념을 상상하는 것은 쉽지 않다. 다만 나는 적어도 인류세 개념이 지닌 위험한 인간 중심주의를 피할 수 있는 몇 개념들을 떠올릴 수는 있다. 예를 들면 '탄소세Carbocene'는 우리의 현 시대를 창조하는 데 석탄과 기타 탄화수소물(석유 및 가스)이 행한 강력한 공동주역의 역할을 인정하는 장점을 지니고 있다. 또는 '사망세Thanatocene'는 생물의 대멸종을 직접 묘사해 주는 명칭으로서 후세의 지질학자가 층서학 기록에서 쉽게 찾을 수 있는 이점이 있다. 이런 명칭들을 쓴다면 "인류세에 온 것을 환영합니다Welcome to the Anthropocene"와 같이 종종 쓰이는 황당한 문구는 아마도 사라지지 않을까 생각된다. 일부 생태 마르크스주의자들은 인류세에 대한 대안적 명칭으로서 '자본세^{Capitalocene}'을 주장하는데, 이는 인류세의 생태 위기가 인류 전체가 아니라 자본주의에 책임이 있다는 것을 강조하는 장점이 있지만 그 대안으로서 사회주의를 함축하는 것이 여전히 근대주의적 문제점과 인간 중심주의를 탈피한 것은 아니라고 생각되어 신유물론 관점에서 적절한 개념은 아니라고 판단된다.

어떤 용어가 사용되든지 간에, 신유물론이 우리에게 가리키는 것은 지구 위의 인간의 위치에 대한 보다 겸손한 이해를 수용하는 자세이다. 사실상, 우리는 물질적 환경에 대한 보다 고대적인 이해로 다시 돌아가기를 고려해 보는 것도 좋을 듯한데, 이런 고대적 관점에서 지구는 강력한 동시에 위험하고 때때로 인간의 삶과 의도에 적대적일 수도 있는 존재로 인식되었다. 우리의 순박하고 종종 종교적인 믿음과 상반되게 오늘날 지구는 지적인 인간 삶에 매우 불친절한 것으로 자신을 드러내는 과정에 있을지도 모른다. 아마도 지구는 인간 종이 자신을 파괴하는 데 너무 쉽게 사용할 수 있는 위험한 사물들로 가득 차 있을지도 모른다. 그럴 경우 인간들이 지구에 위협이 된다고 믿을 것이 아니라, 지구가 인간에게 위협이 될 수도 있다는 걸 인식하게 되면 어떤 새로운 윤리와 행동이 출현하게 될 것인가?

4장

새로운 문명의 모색
: 화이트헤드와 라투르

1.   화이트헤드의 과정철학과 문명론

데카르트의 심신 이원론 이후 근대주의 철학의 주류에서 인간과 비인간, 자연과 사회를 이분법적으로 구분하는 전통에 대한 불만은 일찍이 화이트헤드의 저작에서 체계적으로 표현된 바 있다(Whitehead 1920 & 1929). 오늘날 화이트헤드의 형이상학은 라투르의 후기 사상뿐 아니라 그의 지적 동료들이라고 볼 수 있는 이사벨 스탕게르스와 도나 해러웨이에게도 큰 영향을 미쳤으며(Latour 1999 & 2004; Stengers 2014; Haraway 2000), 그 외에도 신유물론의 여러 학자에게서 점점 더 화이트헤드에 대한 관심이 높아지고 있다. 1960년대 이후 분석철학의 지배로 거의 잊혀졌던 화이트헤드 철학이 21세기에 다시 부활한 것은 사실상 이러한 신유물론 학자들의 기여가 크다고 할 수 있다.

화이트헤드의 철학적 기획에서 핵심을 이루는 것은 그가 서구 근대철학의 토대를 이룬다고 본 '자연의 이분화bifurcation of nature'를 넘어서는 일이었다(Whitehead 1920). '자연의 이분화'란 자연을 앎의 대상이 되는 물질 세계와 앎의 주체가 되는 인간 세계로 분할하는 것이다. 이와 달리 화이트헤드의 철학 구도에서 '자연'은 모든 존재를 가리키는데, 이 존재들은 근대철학에서 물질 세계로 취급되는 요소들(예컨대 빛과 소리, 몸과 두뇌 등)이 제 역할을 수행하지 않고는 '앎' 자체가 불가능한 것이다. 또한 화이트헤드에게는 '사회'란 개념도 근대철학과는 매우 다르다. 화이트헤드주의 사회학자인 헤일우드는 "화이트헤드에게 '사회'란 모든 종류의 존재가 서로 결합하고 견디는 데 성공하여 어떤 종류의 통일성을 구성하게 된 성취이다.... 따라서 바위, 돌멩이, 아메바, 책 등은 모두 사회라고 간주될 수 있다" 하고 요약한다(Halewood 2011: 85).

화이트헤드의 철학에서 가장 기초를 이루는 것은 '현실적 존재actual entities'의 개념이다. 현실적 존재는 우주 만물을 구성하는 기본 단위로서 원자 같은 것이지만, 고정 불변하는 실체가 아니라 생성 소멸하는 과정적 실재이다. 우리가 현실에서 경험하는 모든 사물들은 복수의 현실적 존재들이 결합된 것이고, 이 '결합체nexus' 중에서 질서를 갖는 것을 화이트헤드는 '사회'라 불렀다. 현실적 존재는 '포착prehension'이라 부르는 생성의 과정으로부터 구성되는데, 이는 물리적인 것과 정신적인 것, 의식적인 것과 무의식적인 것, 비인간과 인간을 포괄하는 이질적인 요소들 모두에 걸친 관계적 경험이다. 이 다양한 여러 포착들은 함께 결합되는 '합생concrescence' 과정에 들어가고, 이로부터 현실적 존재가 만들어진다. 이후 현실적 존재는 다른 포착들과 합생하는 포착이 되어 결국 후속적인 현실적 존재를 형성한다. 이런 면에서 현실적 존재는 덧없는 존재라고도 볼 수 있는데, 여러 포착이 결합되어 주체가 되는 '만족'의 순간 직후에 새로운 포착(즉 후속적 현실적 존재의 창조)을 위한 객체로서 위상이 변하기 때문이다.

화이트헤드 분석이 지닌 중요한 함의는 우리가 특정한 사회적 사건을 설명할 때 인간 주체나 인간 행위자를 아무 문제없이 가정할 수 없다는 점이다. 왜냐하면 화이트헤드에겐 주체 역시도 주어진 것이 아니라 합생이라는 생성의 '사건event' 안에서 출현하기 때문이다. 그리고 일단 주체가 되고 나면 현재의 합생을 넘어 또 다른 새로운 합생들의 계기가 되기 때문에 이를 또한 '초주체superject'라고 할 수 있다. 한마디로 주체성에는 실체론적 기초가 없는 것이다. 따라서 모든 주체는 어떤 사건을 선행하거나 사건의 기초가 되는 게 아니라, 그것이 당면하는 포착들을 통해 생산된다.

물론 여기서 소개한 것은 화이트헤드 분석의 매우 선택적이고 단순화된 설명이다. 그럼에도 불구하고 이것을 통해 우리는 라투르 사상과의 3가지 연결점을 조명할 수 있다. (i) 사회적 사건들은 창발적이고, 과정 속에 있으며, 다중적 요소들로 구성되어(또는 다양한 포착들로 합생되어) 있다. (ii) 사회적 사건들을 구성하는 포착들은 이질적이다. 즉 '사회적인 것'과 '인간 주체'는 정신적이고 인간적인 요소뿐 아니라 물질적인 것과 비인간을 포함하는 요소들로 구성되어 있다. (iii) 일단 현실적 존재로 합생되면 이 사회적이고 주체적인 요소들은 후속적인 현실적 존재들이 포착하는 객체로 바뀐다. 따라서 주체와 객체는 데카르트의 이원론에서처럼 상이한 실체들로서 존재하는 것이 아니라, 모든 존재가 거쳐가는 생성의 연속적 과정이다.

이러한 과정철학에 기초하여 화이트헤드는 후기 저작들에서 문명에 대한 독창적 사상을 전개하였다. 경제성장을 추구하면서 생태계를 파괴한 근대 문명과는 달리 보다 겸손하고 생태적으로 문명화가 되는 길이란 무엇일까? 그것은 인간이 지구를 지배하겠다는 근대 문명의 오만한 인간 중심주의를 버리고 지구에 서식하는 다른 이웃 종들과 겸손하게 협력 및 공생하는 문명으로 전환하는 것을 말한다고 화이트헤드는 보았다. 그는 심지어 다람쥐들조차도 그렇게 할 능력이 있을지도 모른다고 기꺼이 고려를 하였다(Whitehead 1938: 77). 화이트헤드에게 '문명화'란 역사를 형성하는 관념(진, 선, 미 등)의 창조적 힘에 의식적 참여를 하는 것을 뜻한다. 하지만 화이트헤드는 관념론자가 아니라 유기적 실재론자였다. 관념은 오직 물질적 및 역사적 조건들이 성숙할 때, 즉 특정한 서식지가 관념의 진입을 도울 역량이 있을 때, 세계를 바꿀 수 있는 힘을 지니게 된다고 그는 보았던 것이다.

더 나아가서 화이트헤드는 많은 근대인이(마르크스를 포함) 관념에 대해 너무 인간중심적인 편견을 지니고 있다고 보았다. 그에 의하면 관념은 의식적인 인간 존재가 지구에 출현하기 훨씬 전부터 우주의 진화과정에서 이미 활동적이었다. 관념은 단지 인간 두뇌에서 만들어지거나 인간 손에 의해 컴퓨터로 옮겨지는 것이 아니다. 즉 '선good'의 관념은 물리학자가 핵반응과 전자기파를 알기 이전에 이미 태양의 빛과 온기를 생성하는 데 참여하며, '미beauty'의 관념은 단지 베토벤의 9번 교향곡이나 다빈치의 모나리자에서만이 아니라 공작, 나비, 장미의 진화에서 이미 작동한다고 그는 보았다. 관념은 단지 역사를 형성할 뿐 아니라, 지구 역사와 사실상 우주 역사를 형성한다고 보는 것이다.

화이트헤드에 따르자면, "민주주의의 기초는 가치-경험의 공통적 사실이며 이는 현실태를 이루는 각 박동의 본질적 성격을 구성한다. 모든 것은 그 자신, 타자, 그리고 전체를 위하여 어떤 가치를 지닌다"(ibid.: 111). 토양을 풍요롭게 만드는 모든 박테리아, 벌집에 꿀을 만드는 모든 호박벌, 경제에서 일하는 모든 인간, 우주에서 돌아가는 모든 별은 모두 그 자체, 타자, 그리고 전체를 위하여 가치를 지니는 것이다. 비인간들은 단지 가치를 지닐 뿐만이 아니라, 가치 창조의 행위자들이라 보는 것이다.

'가치value'란 무엇인가? 경제학자들 사이에서는 사용가치와 교환가치, 객관적 가치와 주관적 가치 사이의 차이에 대하여 논쟁이 계속되고 있지만, 마르크스는 어떤 상품을 생산하는 데 필요한 노동시간의 양에 의해 결정되는 인간들의 사회관계에 가치를 위치시켰다. 어떤 면에서 이것은 나쁜 아이디어만은 아니다. 현재의 지구적 코로나 방역이 우리에게 가르쳐 준 것이 있다면, 그것은 주식시장의 가치가 매일 자신의 직장에 나타나는 수십억 명의 노동자들에게 전적으로 의존하고 있다는 사실이기 때문이다. 그러나 이러한 생각이 지닌 함의는 오직 인간만이 원재료 또는 죽은 자연에 노동을 투입함으로써 가치를 창조한다는 것이다.

모든 가치는 정말로 인간 노동에 의해서만 생산이 될까? 가치를 제공하는 것에 인간 아닌 것은 아무 것도 없을까? 화이트헤드의 우주—그리고 우리 근대인이 몸담고 있는 가이아적 현실—에는 더 이상 인간에 의해 전유될 단순한 물질이나 죽은 자연 또는 원자재란 존재하지 않는다. "우리는 우주의 본질 자체인 가치-경험을 훼손할 아무 권리가 없다"고 화이트헤드는 우리에게 경고한다(*ibid*.: 111). 가치는 전형적으로 행위성agency

과 연결되어 있다. 근대인들(로크이건, 마르크스이건, 또는 하이에크이건)은 행위성과 가치창조를 인간 존재에게만 국한시켜 왔다. 또는 더욱 나쁘게도, 자본주의 생산관계 내에서 가치창조는 심지어 자본의 소유자가 된 행운아들에게만 국한시켰다.

마르크스는 물질대사적 균열metabolic rift에 대한 그의 통찰에도 불구하고, 라투르가 '해방과 지배의 이중 임무'(Latour 1993: 10)라고 부른 것에 헌신했다는 면에서 완전히 근대인이었다. 마르크스의 이론에서 해방적 임무는 인간에 의한 인간의 착취를 끝내는 정치적인 것이며, 지배의 임무는 인간이 자연의 지배자가 되는 기술과학적인 것이라고 보았다. 그러나 바이러스 팬데믹의 형태로 가이아의 침입이 일어난 것은 마르크스와 같은 인간중심적 세계관을 지닌 우리 근대인의 삶을 위아래와 안팎으로 전복시키고 있다. 아마도 이제 우리는 그 덕분에 우리가 진정한 의미에서 지구에 갇히고 둘러싸인 지구 예속적 존재임을 알게 된 것 같다. 지구의 생태적 파국을 피해 화성으로 이주하자는 일론 머스크와 제프 베이조스의 탈지구적 유토피아주의에도 불구하고 우리 대부분은 결코 지구로부터 도망칠 수는 없을 것이다.

따라서 우리는 이제 우리 삶의 뿌리인 가이아를 중요시하면서 인간 자유와 인간-지구 관계를 재사유해야만 한다. 인간은 근대인들이 상상한 것처럼 자유롭고 목적론적인 존재가 아니다. 자연 또한 그렇게 둔하고 결정론적인 존재가 아니다. 마르크스는 최악의 건축가가 최선의 꿀벌보다 낫다고 주장했는데, 왜냐하면 건축가는 그의 건물을 물질적으로 건설하기 전에 머리로 설계를 하기 때문이라는 것이다. 즉 인간은 계획을 가진 반면에, 벌은 맹목적 본능에 따라 자동적으로 집을 짓는다는 것이다. 그러나 과연 정말로 이것이 인간과 벌의 창조성이 작동하는 서로 다른 방식들인가? 유기적 건축가 크리스토퍼 알렉산더는 어떻게 중세 성당들이 수 세대에 걸쳐서 목적적이지만 중앙계획적이 아닌 방식으로 만들어지는가를 연구하였다 (Alexander 2004). 그런데 그 방식은 단순한 조직적 패턴화 언어로부터 내구적인 미의 형태가 출현하는 것으로서, 마치 곤충이 자신의 집을 짓는 방식과 유사함을 발견하였다. 마르크스가 상상한 방식으로 설계되고 건설된 건물은 살기보다는 돈벌이를 위한 죽은 구조물이 되는 경향이 있다. 관념의 힘에 대해 인식하는 것은 관념에 대한 정복을 의미하지 않는다. 화이트헤드에 의하면 관념은 우리를 소유하고 우리에게 목적을 부여한다. 우리는 관념의 힘에 자유로운 발명가가 아니라 공동작업자로 참여한다.

2. 라투르의 행위자-연결망 이론(ANT)과 가이아 정치 생태학

1) 행위자-연결망 이론(ANT)

라투르의 ANT는 세르와 화이트헤드의 철학적 통찰들에 영감을 받아 이를 사회과학의 독창적인 경험적 연구프로그램으로 발전시킨 것이다. 그것은 원래 1980년대 초에 과학기술 사회학의 새로운 접근으로 시작되었지만 그 후에 점차 과학기술뿐 아니라 거의 모든 사회현상에 적용될 수 있는 이론으로 확대되었고, 21세기 들어서는 마침내 기존의 근대주의 사회과학 전체에 대한 도전이자 새로운 패러다임으로서 변모하게 되었다(Latour 2000 & 2005). ANT는 사회세계가 구축되는 데 있어서 어떤 고정된 준거틀이나 토대와 같은 관념들을 갖고 있지 않으며 인간과 비인간 행위자들 사이에 어떤 구분도 하지 않기 때문에 도전적이다. 그것은 또한 전통/근대, 미시/거시, 주체/객체, 사회/기술, 그리고 자연/사회과 같은 근대주의 사회과학의 가장 표준적인 이원론을 필요로 하지 않기 때문에 새로운 패러다임으로 볼 수 있다.

기존 사회학자들은 전통/근대의 구분을 하지만 ANT는 그것을 거부한다. 그 대신에 전통사회와 근대사회의 차이는 스케일, 복잡성(포함된 비인간들의 수), 그리고 행위자-연결망의 길이에서의 차이로 설명될 수 있다고 본다. 예를 들면 근대사회는 전통사회보다 더 밀접히 연결된 더 많은 요소들을 번역하고, 횡단하며, 가입시키고, 동원한다고 보는 것이다. 또한 미시/거시의 구분은 이와 동일한 이유로 ANT에게는 부정된다. 스케일은 행위자들의 성취로서 나타나는 것이지 미리 전제될 수 있는 것이 아니기 때문이다. 따라서 우리가 주목해야 할 것은 스케일이 아니라, 결합의 사슬, 연결망의 규모, 가입된 요소들의 수라고 본다. ANT는 주체/객체의 이분법과 그것이 '사회'라고 불리는 어떤 것 안에 배치된다고 보는 상식적 관점을 피한다. 그 대신에 라투르는 한 집합체collective 안에 인간과 비인간의 결합들이 존재한다고 주장한다. 사회/기술의 이분법 역시 경험적 분석 아래서 붕괴하는데, 왜냐하면 존재들은 서로의 역량들을 교환하며 인간과 비인간 모두가 행위성을 행사하기 때문이다. 그러므로 '사물들 자체things-in-themselves'와 '인간들 자신humans-among-themselves'을 이분법적으로 구분했던 칸트의 도식은 무의미해진다. 이 양자는 항상 결합되기 때문이다. 따라서 한 집합체 안에서 어떤 것이 사회적이고 어떤 것이 기술적이냐를 구별하지 않고 우리는 다음과 같이 물어야만 한다고 라투르는 주장한다. 그것은 다른 것들에 비해 약한 결합인가 또는 강한 결합인가?

이와 같이 ANT는 이항대립적인 본질적 차이들에 대해 사유하는 대신에 행위자-연결망들의 안정성과 내구성을 강조한다. 이것이 사회(더 정확히는 '집합체')를 유지시키는 힘을 설명해주기 때문이다. 이 문제에 답하기 위해서 ANT는 사회이론가들이 대체로 주목하지 못하는 두 가지 점에 관심을 둔다. 하나는 비인간의 역할이고 또 하나는 결합을 만드는 데 드는 노력이다. 사물과 사람, 자연과 사회는 동일한 존재론에 속해 있다고 보며 따라서 이를 종종 '평평한 존재론flat ontology'이라고 부른다. 또한 ANT는 이원론의 인간 중심주의가 아닌 이러한 새로운 존재론을 표현하기 위해 인간과 비인간에 공통적인 어휘를 제공한다. 예컨대 행위소actant가 행위자를 대신하는데 그것은 행위자가 인간 행위성만을 지칭해왔기 때문이다. 이와 마찬가지로 행위자-연결망이 사회관계를 대신하고, 위임이 사회적 역할을 대신하며, 번역이 상호작용을 대신하고, 집합체가 사회를 대신한다. ANT는 바로 이렇게 탈이원론적 존재론과 탈인간중심적 개념들을 통해 기존의 사회과학에 도전한다.

ANT에게 객체들은 인간과 다른 유인원을 구분하는 차이점을 이룬다. 그들이 없이는 인간 사회가 존재할 수 없기 때문이다. 인간 사회의 구조화 효과는 사회적 수단만으로는 가능하지 않다. ANT는 인간 사회에서 순전히 사회적인 관계가 과연 관찰되는가에 대해 의심을 품는다. 라투르가 이에 대해 흔히 드는 예는 자동차의 속도 문제다. 우리는 사람들에게 속도를 내지 말도록 말할 수 있고, 과속하는 사람들에게 벌금을 물릴 법을 통과시킬 수 있으며, 과속하는 사람들을 잡도록 경찰을 훈련시킬 수도 있다. 그러나 라투르는 말로 하는 명령은 무게가 없으며 경찰도 항상 모든 곳에 그리고 언제나 서있을 수는 없다고 지적한다. 이와 달리 과속방지턱speed bump은 그렇게 할 수 있다고 라투르는 주장한다. 과속방지턱은 말로 하는 명령이나 경찰의 간헐적 존재보다 운전자들이 속도를 늦추게 만드는 데 훨씬 더 효과적이라는 것이다. 만일 운전자들이 속도를 늦추지 않으면 그들의 차가 망가지기 때문이다. 바로 이것이 사회적 통제가 사물에 위임되는 한 방식이다.

그렇다면 ANT는 사회적인 것을 새롭게 바라본다고 할 수 있다. 즉 사회적인 것은 항상 이미 존재하는 실재의 영역으로서 안정되고 동질적인 유형의 사물이 아니다. 그것은 일련의 이질적인 어셈블리지들이다. 이 안정된 결합의 사슬들은 종종 오직 인간 행위자들보다 더 내구적이고, 믿을 만하며, 순종적이다(과속방지턱의 예가 보여 주는 것처럼). 우리가 사회적인 것으로 간주하는 것들은 이렇게 이질적으로 구성된 연결망들의 효과이다. 즉 사회, 기술, 그리고 행위성은 모두 연결망의 효과인 것이다. 라투르는 기술과 같은 사물에 의존하지 않고 응집되는 사회적 및 정치적으로 복잡한 집단들이 있다는 것을 인정한다. 그러나 그들의 관계는 불안정하고 취약하기 때문에 지속적인 유지와 보수를 필요로 한다. 사실 이러한 집단들은 인간에게서가 아니라 개코원숭이baboon에게서 잘 관찰된다고 그는 지적한다. 따라서 비인간 사물들이 매개하지 않는 전통적 사회학의 모델은 오히려 이들에게 적합하다는 것이다. 따라서 그는 전통적 사회학을 '사회적인 것의 사회학sociology of the social'이라 부르고 이를 ANT가 추구하는 '결합의 사회학sociology of associations'과 대조시키고 있다(Latour 2005).

2) 가이아 정치 생태학: *Facing Gaia*를 중심으로

라투르는 1980년대에 과학기술에 대한 ANT의 경험적 연구에서 얻은 통찰을 90년대 초에 들어와 근대성에 대한 분석에 적용하였고, 이때부터 이미 근대성이 초래한 최대의 문제가 생태 위기임을 주장하면서 자신만의 독특한 정치 생태학[10]을 전개하기 시작하였다(Latour 1993). 근대성이 생태 위기를 초래한 원인을 그는 자신이 '근대적 헌법'이라고 표현한 이원론적 존

---

10   기존의 정치 생태학(political ecology)은 주로 생태 마르크스주의에 기반을 두고 생태 위기가 갖는 정치적 측면(특히 계급적 불평등)을 드러내고 보다 정의로운 인간간 관계를 모색하는 학술적 및 운동적 흐름이라고 볼 수 있다. 반면에 라투르의 정치 생태학은 인간과 비인간의 비대칭에 주목하면서 보다 동등한 관계를 통해 생태 위기의 해결을 추구하는 탈인간중심적 정치를 추구한다. 이 글의 4절에서 소개한 마르크스의 생산시스템 분석 vs 라투르의 생성시스템 분석 간 비교를 참고할 것.

재론(비인간/인간=객체/주체=자연/사회)에서 찾았다. 이런 근대성의 질서 하에서는 세르가 말한 '준객체'와 같은 하이브리드가 무한정 생산되지만 그것의 존재와 역할이 이원론에 의해 무시되기 때문에 결국 생태 위기로 귀결된다고 보았다. "준객체들은 너무 많아서 그들이 객체의 질서나 주체의 질서에 의해 충실히 대표된다고 느낄 수 없게 되었다"고 그는 지적한다(*ibid.*: 49).

라투르는 생태 위기라는 이런 역사적 사건을 역설적으로 '자연의 종말'이라고 묘사하였다. 그에 따르면, 우리는 언제나 자연의 관념을 갖고 있었지만 그것을 아무 행위성이 없이 저밖에 그저 수동적으로 존재하는 객체─인간의 목적에 대한 수단들의 순수한 집합─로 보았단 것이다. 하지만 이제 그러한 관념은 더 이상 유지할 수 없게 되었고 "피억압자가 돌아왔다"(*ibid.*: 77)고 라투르는 주장한다. 자연은 인간들의 행위에 예측불가능하며 때로는 충격적인 방식들로 반응, 응답, 대답한다. 이에 대한 근대성의 대응은 부적절한데, 왜냐하면 준객체들을 단순한 객체로 정화purification시키는 이원론은 비인간들의 모든 관계와 행위에 적절한 위치를 부여할 수 없기 때문이다. 그러므로 비인간의 설명되지 못한 행위들은 점점 누적이 되고, 이는 마침내 무시하기엔 너무 커져서 근대성의 안정된 질서를 위협하게 되었다는 것이다. 그 결과 객체 자신이 스스로를 준객체로 다시 드러내기 시작하였다. 라투르는 이를 '객체성의 위기'라고 표현하면서 "정치 생태학은 생태적 객체들의 위기 때문에 자신을 드러내는 것이 아니라, 모든 객체들에 부과되는 일반화된 헌법적 위기를 통해 자신을 드러낸다"(Latour 2004: 20)고 주장하였다.

인간의 근대 문명이 초래한 지구적인 생태 위기는 마침내 2000년에 자연과학자들이 '인류세'라고 명명함으로써 전 세계적으로 주목받는 이슈가 되었다. 라투르는 이러한 인류세 논의를 반겼지만, 서구 학계의 인류세 논의가 자칫 또 다시 근대성의 이원론과 인간 중심주의에 빠지는 위험을 경계하면서 이런 위험을 벗어날 수 있는 대안적 관점으로서 1970년대부터 러브록과 마굴리스가 개척한 '가이아Gaia' 이론에 주목하였다. 그리고 아직 논쟁 많은 자연과학적 가설에 머물러 있던 이 이론을 자신의 ANT 관점으로 재해석을 하면서 인문사회과학적인 새로운 가이아 이론으로 재탄생을 시켰다. 라투르가 처음 자신의 가이아 관점을 소개한 것은 제임스 러브록의 『가이아의 복수』에 감명을 받아 2007년 4월 영국사회학회 연례학술대회에서 기조강연으로 발표했던 논문 "A Plea for Earthly Sciences"(2010)였지만, 보다 본격적으로 이를 이론화하여 발표하기 시작한 것은 2013년 2월 에딘버러대학교의 유명한 기포드 강연에서 초청 강의를 한 내용을 책으로 묶은 *Facing Gaia*(2015년 불어판; 2017년 영어판)가 처음이었다.

라투르에게 인류세란 용어는 '생태 위기'와 같은 개념이 보여 주지 못하는 것, 즉 그것은 그냥 지나가는 임시적 상태가 아니라는 것을 보여 준다. "지나가는 위기에 불과할 수 있었던 것이 세계에 대한 우리의 관계를 근본적으로 바꾸면서 변형이 되고 있다"(Latour 2017: 9). 1993년 저서에서 라투르는 우리가 결코 근대적이었던 적이 없다고 부정적으로 주장했지만, 인류세의 개념을 그는 우리를 긍정적으로 정의하는 데 사용한다. 즉 인류세는 우리가 결코 근대적이었던 적이 없다 그리고 우리는 현실에서 실제로는 준객체들을 다루고 있다는 통찰이 하나의 집합적 경험이 되었다는 것이다. "우리가 실제로 근대적이길 그만둔 것처럼 모든 일이 일어나고 있고, 이번에는 집합적 수준에서 그러하다"(ibid.: 88)라고 그는 지적한다.

인류세의 새로운 조건은 라투르에게 여러 가지를 의미한다. 인류세에 대한 전통적 견해는 인간이 지구 행성에 영향을 미치는 가장 큰 요인이 되었음을 인류세가 의미한다는 것이다. 라투르의 견해는 이런 관점과는 여러 가지로 다르다. 그에게 인류세는 지구 역사에 있어서 어떤 종류의 급진적 단절 또는 근본적 혁명을 의미하지 않는다.[11] 라투르는 우리가 지금 다른 세계에 살고 있는 것이 아니라, 인류세란 무엇보다 우리가

---

11 인류세를 급진적 단절로 보는 견해에 대해서는 Hamilton(2016) 논문을 참고할 것.

오래된 세계에 근본적으로 다른 방식으로 관계를 맺을 의무가 있음을 알려 주는 것이라고 본다. 라투르의 이 새로운 견해에서는 전통적 주인공들(자연, 사회, 인간, 과학, 기술)이 사라지거나, 또는 그런 것들이 처음부터 아예 존재하지 않았음을 우리가 깨닫게 된다.

자연은 우리의 근대 문명이 묘사하는 수동적 객체(능동적 주체인 인간의 대립물)가 아니라 러브록이 이름을 붙인 '가이아'가 그것에 더 적절한 묘사라고 라투르는 본다. 하지만 러브록은 종종 오해를 받는다고 라투르는 주장한다. 즉 가이아는 지구가 하나의 살아 있는 '유기체'가 되었다거나 그것이 하나의 고정되고 폐쇄적인 '시스템'이라는 것을 뜻하지는 않는다. 그보다 가이아는 "각자가 자신의 환경을 조작하는 것에서 이해관계를 추구하는 행위성들의 모든 상호교직되고 예측불가능한 결과들에 제안된 이름"(*ibid.*: 101)이라 보아야 한다. 따라서 가이아는 아무 고정된 정체성이 없고, 우리의 주관적 주장들 뒤에서 객관성을 보여 줌으로써 우리의 갈등을 초월적으로 심판하는 기존의 '자연'과 같은 역할이 없다는 것이다. 그보다 가이아는 세르가 말한 의미에서의 제3자, 즉 인간들의 관계에 끊임없이 개입하고 변화를 일으키는 준객체 또는 기생충에 더 가깝다고 라투르는 본다. "가이아는 우리의 모든 갈등에서 제3자이지만(특히 인류세 이후에), 그것은 상황들보다 우월하거나 상황들을 명령할 수 있는 그런 제3자의 역할을 결코 수행하지는 않는다"(*ibid.*: 238). 인류세에 우리는 항상 가이아와 대면하는데, 그것은 한 시스템이나 유기체로 통합되지는 않은 매우 다양한 행위자들로 이루어져 있지만 우리의 행위에 복잡하고 변덕스럽게 반작용을 한다. 이것은 임시적 상태가 아니라, 우리의 영구적 조건으로 이젠 보아야 한다. 또는 스탕게르스가 말하듯이, "가이아가 우리에게 그녀를 무시할 자유를 돌려주는 미래를 예측할 수 없다"(Stengers 2015: 47).

인류세는 단지 자연의 종말이 아니라 인간의 종말을 시사하는 것이기도 하다. 인류세란 지구 역사에서 인류가 가장 중요한 요인이 된 것이라는 관념은 쉽게 오해된다고 라투르는 주장하면서 다음과 같은 세 가지를 지적한다. 첫째, 경험적 수준에서 그 관념은 오해되고 있는데, 왜냐하면 우리가 '인류'라고 언급할 때 그것은 마치 하나의 통일된 집단을 가리키는 것처럼 우리가 연상하기 때문이다. 실제로는 그러한 통일된 집단이란 존재하지 않으며 모든 인류가 인류세에 똑같이 책임이 있는 것도 아니다. 아마존 밀림의 원주민들이 서구의 산업들과 마찬가지로 지구에 영향을 미치고 있지 않다는 것은 명확하다. "인류세의 인류? 그것은 바벨탑이 무너진 후의 바벨이다"(Latour 2017: 122).

둘째, 인류세는 또한 보다 개념적인 수준에서 오해되고 있는데, 인류세에 대립하는 것은 능동적 인간들 대 수동적 자연이 더 이상 아니기 때문이다. 근대주의에서 인간에 대한 전통적 상은 '주체'의 모습이었다. 즉 모든 행위성을 소유하고 그(녀)가 지구에 원하는 것을 행할 무제한의 역량을 지닌 어떤 존재 말이다. 그러나 인류세에서 한 주체가 된다는 것은 "객관적 맥락과의 관계에서 자율적으로 행위함이 아니라, 자율성을 잃은 다른 주체들과 함께 행위성을 나눠가짐을 뜻할 뿐이다"(*ibid.*: 62). 영향을 준다는 건 우리가 어떤 것에 대해 행사할 모든 힘을 갖는 걸 뜻하는 게 아니라, 영향을 받는 다른 모든 존재들이 행위성의 일부(즉 반작용하고 응답하는 것)를 갖는 것을 뜻한다. 따라서 인류세는 우리로 하여금 다시 진정한 '준주체'들이 되도록 그래서 가이아의 민감한 연결망들에 의존하도록 강제하는 것이다.

셋째, 과학과 기술이라는 행위자들 역시 인류세에서는 변화한다. 과학은 더 이상 궁극적 심판이 될 수 없고, 그 자신의 연결망들에 의존하고 있음을 인정해야 한다. 과학은 결코 확실한 것이 아니며, 불확실성이 그것의 주요 특징 중 하나이다. 기술도 이와 마찬가지로 자신을 능동적 주체의 손에 쥐어진 중립적 도구(즉 객체)로 볼 수 없고, 다른 준객체들 그리고 가이아와의 협상에서 매우 상이한 역할을 수행해야만 한다.

생태 위기에 대한 라투르의 견해는 세르의 책 『자연계약』(불어판 1990, 영어판 1995)에서 큰 영감을 받았다(이지선 2021). 이 책에서 세르는 우리의 근대적인 '사회계약'은 그것은 우리가 사물들과 필연적으로 관계를 맺으면서도 사물들을 항상 배제했기 때문에 불충분하다고 주장하였다. 인류세에는 이런 사회계약이 문제가 되고 있다. "우리는 '수단들의 일반화된 반란'에 마주치고 있다. 모든 존재들―고래, 강, 기후, 지렁이, 나무, 송아지, 젖소, 돼지, 병아리―이 더 이상 '단지 수단으로서' 취급받는 걸 동의하지 않고 자신들 '역시 항상 목적으로서' 취급받기를 주장하고 있다"(Latour 2004: 155~56). 인류세란 우리의 현재 정치적 집합체에 대한 준객체들의 일반적 침입에 다름 아니라고 볼 수 있다. 인류세는 우리가 관계하는 준객체들과의 협상을 우리로 하여금 재개하도록 요구하는 것이며, 그러지 않을 경우 준객체들은 인간이 없는 새로운 가이아로 변모하는 선택을 할 것이다.

따라서 이러한 '가이아의 전쟁'을 벗어나려면 평화 협상이 필요하다고 라투르는 주장한다. 이는 사실상 세르가 일찍이 말했던 '자연계약'과 일치하는데 그 내용은 다음과 같다. "이는 공생체가 숙주의 권리를 인정하는 공생의 계약이다. 반면에 기생충―현재 우리 인간의 모습―은 자신이 약탈하고 거주하는 숙주를 죽음에 빠지게 한다. 결국에는 자신을 역시 죽음에 빠뜨리는 것도 인식 못한 채…."(Serres 1995: 38) 한마디로 자연계약은 준객체들의 행위성과 권리가 인정되는 비근대적 계약을 의미하며, 라투르는 이를 '생태화^{ecologization}'라고 불렀다(Latour 1998). 이는 17세기 '사회계약'이 추구했던 인간중심적 '근대화'가 초래한 오늘날 인류세의 생태 위기에 대한 라투르의 탈인간중심적 처방이다. 과연 어떻게 이를 성취할 수 있을까? 바로 이것이 라투르의 정치 생태학과 새로운 가이아 이론이 추구하는 내용이라고 할 수 있다. 특히 *Down to Earth* 책은 세계를 지난 300년 동안 지배해 왔던 '근대화'의 정치를 분석하면서 이것이 어떻게 생태 위기로 막다른 길에 도달했는지, 그리고 새로운 대안으로서 '생태화'의 정치가 부상하고 있는지를 구체적 대비를 통해 보여 주는 내용이어서 우리가 주목할 필요가 있다. 따라서 다음 절에서 그 주요 내용을 살펴보고자 한다.

3) 근대화 vs 생태화의 정치: *Down to Earth*를 중심으로

Down to Earth 책은 라투르의 가이아 이론 전체를 기후변화의 부정을 둘러싼 정치에 적용하고 있다. 라투르는 도널드 트럼프의 당선, 영국의 브렉시트 운동, 글로벌 이주민의 증가, 기후변화 정책의 최근 전개와 같은 역사적 사건들로부터 시작하여, 다음의 세 가지 상호관련된 현상들 사이의 깊은 관계와 연결에 대한 관찰을 제시하고 있다: (i) 세계화 및 탈규제의 힘들, (ii) 불평등의 폭증, (iii) 기후변화의 현실을 부정하려는 체계적

인 노력. 사실 이러한 세 가지 현상들이 각각 모두 주목을 받지만 상호관련된 것으로 검토되고 있지는 않다고 그는 지적한다. 이는 "그것들을 함께 고려함으로써 창출될 수 있는 거대한 정치적 에너지"를 사람들이 파악하는 것을 막는다고 그는 주장한다(*ibid*.: 1).

라투르의 가설은 기후변화와 그것의 공공연한 부정이란 이슈를 우리가 중심으로 삼지 않을 경우 지난 50년의 세계 정치가 불투명한 상태로 남아 있을 것이라고 본다. 이주민 증가와 더불어 민족주의 및 인종적 우월성의 수사학을 주장하는 서구 정당들의 대두는 단순히 낡은 형태의 포퓰리즘이나 파시즘으로의 회귀가 아니다. 그것들은 인간 활동에 지구가 폭력적으로 반작용^{react}하고 있다는 사실에 우리의 근대적 제도와 습관이 응답할 능력이 없기 때문에 초래되는 독특한 결과들이라는 것이다. 이러한 곤경 속에서 라투르는 인류에게 "우리의 정치적 정동이 새로운 목표로 향할 수 있는 가능성을 모색할 것"을 촉구한다(*ibid*.: 2).

이 가설을 정의하면서 라투르는 근대적 정치 습관과 제도에 대한 그의 문제화로 되돌아가는데, 그는 근대성이 로컬을 떠나 글로벌을 향한 운동으로 보는 진보^{progress}의 정의에 의해 추동된다고 주장한 바 있다. 더 나아가서 그는 이 로컬과 글로벌에 대한 우리의 관념에는 긍정적인 측면과 부정적인 측면이 있다는 점에 주목한다. 로컬-플러스는 역사의 중요성과 집에서 안전함을 느끼며 땅에 대한 돌봄과 애착을 키울 기본 권리의 중요성을 파악하는 반면에, 로컬-마이너스는 민족주의 그리고 정체성 및 국경에 대한 경직된 개념에 쉽게 넘어간다. 글로벌-플러스는 다문화주의처럼 다원적 관점과 문화들을 촉진하는 잠재력을 지닌 반면에, 글로벌-마이너스는 소수의 엘리트만을 대표하는 단일 비전이 모든 사람에게 부과되는 것을 나타낸다. 따라서 라투르는 자신의 임무를 글로벌 및 로컬의 중요한 요소들을 결합할 수 있는 새로운 대상 또는 정치적 유인자를 도출하여 우리의 정치적 정동과 우리가 세계와 관계 맺는 방식을 수정하는 것으로 설정한다.

라투르는 이런 개념들을 기후변화의 영향과 연결한다. 그가 '반계몽주의 엘리트'라고 부르는 특정한 인간들은 실제로 지구의 경고를 듣고 응답하기 시작했다. 그들은 지구의 경고를 알아들었지만 이를 대중과 공유하는 것을 회피하였다. 오히려 그들은 기후변화의 현실을 부정함으로써, 근대성의 글로벌 지향적 진보를 가능하게 만들었던 정치적 유인자(모든 주민과 그들의 근대적 성향을 유지할 수 있는 공유된 지구)를 암묵적으로 거부하였다. 라투르는 이러한 엘리트들이 이제는 '이 세상 밖Out-of-This-World'이라고 그가 명명한 새로운 정치적 유인자에 응답한다고 보는데, 이는 경제적 탈규제, 불평등의 증대, 기후변화 부정을 함께 연결하는 유인자이다. 다르게 말하자면 지구가 모든 인간에게 소비와 생산의 근대적 시스템을 유지할 수 없다는 인식은, 권력자들이 자신의 지속불가능한 삶의 방식을 보호하기 위해 필요한 탈규제로 이어진다. 이러한 자원과 토지의 비축은 불평등을 크게 악화시키는데, 탈규제를 정당화하며 그로 인한 불평등을 자연스러운 것으로 만들려면 기후변화의 현실을 지속적으로 부정하는 것이 필요하다는 점을 이들은 알고 있다.

바로 여기서 라투르는 '이 세상 밖'이라는 정치적 유인자를 거부한다면 우리 스스로가 새로운 해결책을 마주한다고 보는데, 그것은 '생태화'를 위한 새로운 정치적 유인자로서의 '지구족Terrestrial'이다. 이 새로운 정치적 유인자에 대한 라투르의 선택은 '근대화' 정치를 지배해 왔던 유인자인 글로벌 개념과 그에 기초한 글로벌라이제이션이라는 정치적 기획이 "어떤 실재, 어떤 견고한 물질성에도 결코 근거한 적이 없다"(*ibid.*: 39)는 그의 주장에서 비롯된다. 실재, 자연, 물질에 대한 근대적 정의들이 지닌 문제점은 부분적으로 우리가 이 용어들을 인간 행위의 '맥락'을 묘사하는 데 사용하는 습관에 기인한다. 그 대신에 라투르는 이 새로운 정치적 유인자인 '지구족'(인간과 비인간 모두를 포함)을 일종의 '행위자'로서 우리가 이해하기를 원한다. 인간과 비인간 모두에 걸쳐 행위성이 분포되는 것으로 보는 관점은 라투르의 ANT에서 이미 중심이 돼 왔던 것이며, 그는 인류세라 불리는 새로운 시대의 결정적 특징이 지구와 지구의 비인간 거주자들도 정치적 행위자로 고려되어야 한다는 인식이라고 주장한다.

그는 정치 생태학에 기초한 운동들이 비인간 행위자들의 정치적 역할을 오래 전부터 인식해 왔으며, 최근 역사에서 다양한 녹색당들이 '지구족'과 비슷한 정치적 목적을 향해 인간 행위를 지향시키는 일에 성공하지 못했다고 지적한다. 생태학은 "사회세계의 지나치게 제한적인 정의로부터 정치를 구출하는 데" 어느 정도 성공을 거두었지만, 결국 "생태학은 실패했다"(*ibid.*: 46)라고 덧붙인다. 우리는 계속 생태학을 경제학과 대조하는데, 이는 우리가 현재 생태 위기에 더 이상 응답할 능력이 없는 이분법을 통해 생각한다는 것과 모든 정치를 우파와 좌파로 분류한다는 것을 보여 준다. 이 정치적 이분법은 과거에 우리 정치를 조직하는 생산적인 수단—진보와 근대화의 화살을 찬성하거나 반대하는 것으로 우리의 정치를 지향시키는—이었지만, 생태학은 진보와 생태계 보전 사이의 갈등을 항상 인정하고 사회적 진보를 순수한 비인간 세계로 간주한 '자연' 개념에 반대되는 것으로 여겼다.[12]

---

12   이 면에서 라투르의 '생태화'는 기존의 생태학에 기반을 둔 환경운동의 실천과는 그 의미가 다르다. 즉 인간/자연의 이원론을 전제한 위에서 "자연을 보호하자"는 식의 주장

라투르의 기획은 어떤 새로운 정치적 중심을 향해 이동하자는 것이 아니라, 사회와 환경의 진보가 더 이상 대립적으로 위치하지 않는 방식으로 우리의 정치적 지향을 재정의하려는 것이다. 그의 정치 생태학이 할 수 있는 주된 기여는 객체-지향적 정치를 명료화이었다. 새로운 정치적 목적을 성취하기 위한 새로운 태도를 만들겠다는 목적에서 시작하기보다 우리는 특정한 정치적 태도를 가능하게 만드는 세계의 형태를 재정의하는 것부터 시작해야만 한다. 즉 라투르는 낡은 우파/좌파의 정치적 이분법 대신에, 새로운 구분을 제안하는데 그것은 근대인 대 지구족의 대립이다. 여기에서 지구족의 정치적 적인 근대인은 글로벌, 로컬, 그리고 '이 세상 밖'을 지향하고 있다. 이와 동시에 이들은 또한 유일한 잠재적 동맹자이기도 하기 때문에 "설득하고 개종시켜야 한다"(*ibid.*: 53)고 라투르는 주장한다.

정치 생태학이 이러한 설득과 개종의 행위를 수행하는 데 대체로 실패한 것처럼, 전통적인 사회운동들도 실패를 해 왔다. 그는 사회적 관심과 환경적 관심이 함께 결합되는 것을 막

이 아니다. 라투르는 '근대화' 개념의 대척점으로 '생태화' 개념을 제시하였는데, 즉 '근대화'가 자연/사회의 존재론적 이원론을 뜻하는 '근대적 헌법'에 따라 세계를 질서화하는 것인 반면에 '생태화'는 탈이원론적 존재론(='비근대적 헌법')에 기초하여 인간과 비인간의 집합적 삶을 대변혁하는 것을 말한다. 따라서 '생태화'는 관계적 윤리(relational ethics)를 지향하게 되는데, 이는 '근대화'에선 무시되었던 비인간 세계의 가치와 인간-비인간의 공존관계를 명시적으로 고려하는 윤리를 뜻한다. 블록 & 옌센(2017) 책에 나오는 용어설명을 참조할 것.

는 이것 아니면 저것의 논리에서 우리가 탈출할 필요가 있다고 주장한다. 이것은 우리가 인간과 비인간 사이의 오랜 구분을 포기하고 사회계급과 생산시스템에 대한 마르크스의 분석을 우리 유물론의 기초로서 삼지 않기를 요구한다고 라투르는 주장한다. 전통적인 좌파-유물론의 정치는 그 분석에 문화와 가치를 추가한 경우에도 혁명을 일으키는 데 실패했다고 그는 지적한다. 왜냐하면 물질세계에 대한 그들의 정의가 추상적, 관념적이며 실재와 동떨어져 있기 때문이다. 그 대신에 라투르는 "지구족으로의 지향이 부여하는 신유물론"(*ibid.*: 61)을 옹호하면서, 토지에 의해 조직된 지구사회적geosocial 계급들은 비인간들을 배제한 사회적social 계급과 같은 방식으로 불평등을 개념화할 수는 없다고 주장한다.

라투르가 추구하는 신유물론[13]은 또한 생태학자와 사회운동가가 정치적 차이에도 불구하고 함께 공유해 왔던 '자연'의 개념에도 대항한다. 자연에 대한 근대적 정의는 다양한 관점들과 문화들은 허용하지만 그것은 서구의 과학적 합리주의가 대표하는 객관성에 따라 평가되어야 하며, 이는 인간 행위에 제한을 가하는 동시에 비인간들을 말없고 안정된 맥락적 장식물로 취급해 왔다. 그러나 정치는 행위를 위한 이해관계와 역

---

[13] 신유물론 패러다임에 대한 소개와 그 일부로서 라투르의 ANT가 갖는 의미에서 대해서는 김환석(2020)을 참고할 것.

량을 함께 결합하는 행위자들을 필요로 하기 때문에, 인간으로 구성된 사회정치적 '주체들'과 사회의 외부에 있고 행위할 힘이 없는 비인간 '객체들' 사이에 동맹을 맺을 수는 없는 것이다. 라투르는 자신의 새로운 지구정치적 기획에서 과학이 중요한 요소로서 남지만, 이제 그것은 새로운 자연의 개념에 기초해야 한다고 본다. 근대화의 글로벌 지향은 항상 지구를 인간의 활동과 정치에서 떨어져 있고 무관심한 먼 객체라고 파악을 해 왔다. 이것은 해러웨이(1988)가 일찍이 문제시했던 비체현적 객관성이란 특정한 관념으로 귀결되었고, 라투르는 이를 '우주로서의 자연nature-as-universe'이라 개념화하였다. 만일 우리가 이러한 존재론을 우주의 연구에만 적용한다면 아무 문제가 없겠지만, 우리는 이러한 '기계론적' 존재론을 실증적 지식을 생산하기 위한 유일한 방법으로 채택해 왔다. 이것은 한편에 객관적이고 외부적인 것을, 다른 한편에 주관적이고 내부적인 것을 나누는 '이분화bifurcation'로부터 결과하는 것으로서, 근대화 기획의 토대를 이루어 왔다(Whitehead 1920). 사물을 내부로부터 자세히 보는 것은 전통적이고 낡은 것으로 평가되었고, 사물을 외부로부터 보는 것만이 미래를 향해 움직이는 유일한 길이 되었던 것이다. 자연에 대한 상이한 개념들이 다른 문화적 전통들에서 존재하지만, 이들은 근대화가 뒤에 남기고 떠난 낡은 로컬의 일부로 간주되었다(히켈 2021).

라투르의 주장은 '우주로서의 자연' 존재론이 기후변화의 부정을 지원한다는 것이다. 우선 기후변화가 함의하는 변화와 흐름은 멀리 떨어져서는 파악하는 것이 불가능하고, '우주로서의 자연'에게 기후 과정들은 우리의 안정되고 보편적인 지구에 주관적 환상을 투사하는 것으로 보이기 때문이다. 더 나아가서 원거리를 통한 객관성에 대한 강조는 과학이 동맹 결성의 정치적 작업과 정치의 변화를 위해 요구되는 정동적 작업을 하지 못하도록 막는다는 것이다. 따라서 정치적 유인자 '지구족'을 위한 과학은 상이한 자연의 개념에 기초해야 하는데, 이를 라투르는 '과정으로서의 자연nature-as-process'이라고 부른다. 이는 우리가 "과학에 굳건한 기반을 두는 가운데, 자신과 얽혀 있는 인과관계 전반에 걸쳐 행위, 생기, 행위력이 배분되는 것이 어떤 의미인지를 이해하는 것"(ibid.: 77)을 가능하게 만든다. 이러한 접근은 라투르가 '임계영역Critical Zone'이라 부르는 것에 초점을 두는 과학에 특히 중요한데, 임계영역이란 "대기권과 기반암 사이의 몇 킬로미터 두께에 한정되어 있는 작은 영역으로서, 이를테면 생물막, 광택 필름, 피부, 수없이 접힌 층들과 같은 것이다"(ibid.: 78).[14] 이것은 논쟁과 갈등이 필요하고, 해석적 투쟁이 벌어지며, 투자와 이해관계에 의해 그것이 격화

---

14 생물막(biofilm)으로서의 가이아를 라투르가 강조한 내용에 대해서는 송은주 논문 (2021)을 참고할 것.

되는 영역인데, 여기서 과학자들은 자연세계를 대변하기보다는 인간과 비인간 행위자들 사이의 새로운 동맹을 결성함으로써 혁신하기를 배워야 한다고 라투르는 주장한다.

'과정으로서의 자연'이 인간과 비인간 사이의 새로운 동맹을 가능하게 만들고 사회적 관심과 생태적 관심이 함께 협력할 수 있는 정치를 창조한다면, 이러한 개념적 공간은 또한 다양한 행위자들 사이의 관계를 통해 사유하는 데 필요한 새로운 방법을 필요로 한다고 라투르는 주장한다. 마르크스의 생산시스템system of production 분석[15]을 통해 사유하는 것은 더 이상 가능하지 않은데, 그것은 자연이 인간 활동을 위한 맥락이자 자원이라는 근대적 관념을 유지하고 있기 때문이다. 그 대신에 우리는 생성시스템systems of engendering을 통해 사유하고 행동해야 한다고 라투르는 제시한다. 생성시스템은 근대성과 글로벌 정치에 대한 라투르의 비판과 지구족 정치의 재구성을 하나로 통합하는 데 도움을 주는 다음의 세 가지 점에서 생산시스템과 차이가 있다.

---

15 라투르가 "마르크스의 생산시스템 분석"이라고 부르는 것은 마르크스의 역사적 유물론을 가리킨다. 즉 마르크스는 역사상 모든 사회의 생존 및 재생산에 필요한 물질적 힘들을 '생산력'(인간노동과 생산수단)이라 불렀고, 이 생산력과 특수한 '생산의 사회적 관계'가 결합되어 각 역사적 시기의 '생산양식'을 이룬다고 보았다. 바로 이 생산양식이 사회가 존재할 수 있는 객관적 기초가 되는 한편, 각 생산양식 안에서 사람들은 생산수단의 소유와 통제 여부에 따라 상이한 사회계급들로 나뉘어진다고 보았다. 그리고 어떤 사회계급에 속하느냐에 따라 사람들은 상이한 이해관계와 의식을 지니게 되며, 바로 이런 의미에서 사회계급은 사회의 주관적 기초를 제공하는 역할을 한다고 볼 수 있다.

첫째, 그것은 지향 원칙에서 다르다. 근대성은 다른 무엇보다 인간 자유를 중요시하지만, 우리는 이제 의존성의 원칙에서 새로운 권위를 추구해야 한다고 라투르는 주장한다. 생성의 개념은 의도적으로 반작용의 상이한 역량을 지닌 수많은 행위자들 사이의 갈등을 부각시킨다. 그것은 오직 인간이 사용하기 위한 상품 생산하는 것을 포기하고, 애착을 배양하여 모든 지구족 생성을 추구한다. 따라서 의존성은 새로운 형태의 권위가 될 수 있고, 이미 기후협정을 맺는 국가들의 정치를 안내하는 원칙이다.

둘째, 생성시스템은 인간에게 부여하는 역할이 다르다. 정치는 원래 인간과 인간의 유익에 초점을 둔다는 것을 라투르도 인정한다. 따라서 그는 인간의 탈중심화를 추구하지 않는데, 자연이 더 이상 단지 맥락이나 자원이 아니기에 그런 탈중심화도 더 이상 정합성이 없기 때문이다. 근대인에게 인간은 다른 모든 객체와 같은 자연적 존재 또는 자신을 자연으로부터 분리할 능력이 있는 사회적 존재였다. 그런데 기후변화는 이 양자의 정의를 모두 불가능하게 만들었다. 따라서 이런 정의들 대신에 라투르는 우리가 인간이란 용어를 모두 포기하고 스스로를 '지구족'의 일원이라 부를 수 있지 않느냐고 제안한다.

셋째, 두 시스템은 책임지는 운동의 유형에서 차이가 있다. 근대인은 메카니즘을 따르는 데 만족하지만, 지구족은 새로운 변화를 창출하는 발생genesis의 운동에 관심을 가져야 한다. 생성시스템에서 우리는 행위자들의 리스트와 그들의 이해관계가 점점 더 늘어나는 데 주목해야 한다. "행위자들의 이해관계는 서로를 잠식하기 때문에, 우리가 다른 행위자들 사이에 자리를 잡으려면 우리의 모든 탐구 능력을 끌어와야 한다"(*ibid*.: 87). 이것은 근대인과는 달리 과거를 단지 낡고 뒤처지지 않고 변혁을 위해 중요하다는 사실을 인식하게 만든다. 더구나 생성시스템은 생산시스템과는 달리 인간만이 저항할 능력이 있는 외로운 존재가 아니라, 비인간이 변화의 행위자로서 행동할 가능성을 창출하고 이는 "지구족을 위한 투쟁에 나설 잠재적 동맹자의 폭을 상당히 늘려 줄 것이다"(*ibid*.: 88). 이 면에서 지구족은 아직 제도화된 존재는 아니지만 근대인이 '자연'에 부여한 정치적 역할과는 분명히 다른 역할을 하는 행위자이다. 따라서 생산시스템과 생성시스템 사이의 모순은 "단순히 경제학의 문제가 아니라 문명 그 자체의 문제인 것이다"(*ibid*.: 89).

　다음의 〈표 1〉은 이상에서 제시한 생산시스템과 생성시스템의 세 가지 차이점을 보기 쉽게 필자가 요약한 것이다.

〈표 1〉 생산시스템과 생성시스템의 비교

	생산시스템	생성시스템
지향 원칙	인간 자유	존재들의 의존성
인간의 역할	중심적 존재	지구족의 일원
운동(변화)의 유형	메카니즘	발생

5장

생태 문명을 향하여

그러면 인류는 '가이아의 침입'이 초래할 파국을 피하기 위해 어떤 새로운 문명으로 탈바꿈해야 할까? 우리는 결정론적 목적론 대신에 관계적 창조성의 과정을 필요로 한다. 개인간 경쟁과 계급적 위계 대신에 민주주의와 사회적 연대를 필요로 한다. 높은 곳으로부터의 거대한 계획 대신에, 우리가 숨쉬고 죽이며 먹고 사랑하며 지구 행성을 함께 공유하는 비인간 존재들의 공동체와 '친족-만들기kin-making'[16] 유희를 하는 것을 원한다. 그러기 위해 무엇보다 먼저 우리는 비인간들의 가치에 우리가 민감하도록 만들 새로운 미적 실천, 새로운 이야기, 새로운 의례를 만들어야 한다(또는 아마도 우리는 '오래된' 실천, 이야기, 의례를 회복할 필요가 있을지도 모른다). 우리의 생존이 거기에 달려 있기 때문이다.

이렇게 비인간들의 가치에 민감해진다는 것은, 반드시 인간

---

16   해러웨이는 *Staying with the Trouble*(Duke University Press, 2016)에서 인류세에는 인간의 수를 늘리기보다 멸종 위기에 처한 반려종들과 공생관계를 맺으라는 의미에서 "자식이 아니라 친족을 만들라"(p. 102)는 슬로건을 제시하고 있다. 해러웨이의 이 책에 대해서는 최유미(2020)에 잘 소개되어 있으니 참고할 것.

에게 고유한 가치와 그에 따른 특별한 책임이 없음을 뜻하지 않는다. 화이트헤드는 "삶(생명)은 도둑질"이라고 인정하지만, "그 도둑질은 정당화를 필요로 한다"고 강조하였다(Whitehead 1929: 105). 대체 인간이란 무엇인가? 우리는 단지 많은 종들 중의 하나인가? 물론 분명히 우리는 종의 하나이다. 그러나 우리는 보다 넓은 생태적 연결망에 우리가 의존하고 그 안에서 살아간다는 사실을 무시하는 위험을 무릅쓰고 있는 예외적 존재다. 다른 말로 하자면, 이미 우리는 단지 수많은 종의 하나는 아니다. 좋건 싫건 간에 우리는 행성적 존재, 지질학적 행위자가 되었으며 그에 따른 무거운 책임을 가이아에 지고 있다. 그러면 어떻게 우리는 지구에서 우리의 삶(즉 '도둑질')을 정당화할 것인가? 만일 정의justice란 관념을 비인간들에게까지 확대한다면 그러한 탈인간중심적인 '생태적 정의'란 어떤 모습일까? 과연 인간과 비인간 모두를 포괄하는 '생태적 정의'에 입각한 새로운 경제와 삶의 양식은 무엇일까? 이것은 다음 세기에 생존하기를 바라는 어떤 문명이든 반드시 대답할 필요가 있는 질문들이다.[17]

인간 역사는 지구 물리적 사건이다. 우리가 이 사건의 시작

---

[17] 간디의 유명한 말 "지구는 우리의 필요를 위해서는 충분한 자원을 지니고 있지만 우리의 탐욕을 위해서는 그렇지 않다"가 뜻하는 바는, 인간의 문명이 생존의 필요가 아니라 성장의 탐욕을 지향해서는 안된다는 점을 강조한 것이라 할 수 있다. 이와 관련한 간디의 생태적 사상에 대해서는 Tiwari(2019)를 참고할 것.

점을 상징적 의식이 출현한 200,000년 전으로 하건, 신석기 혁명이 일어난 12,500년 전으로 하건, 자본주의 혁명이 일어난 500년 전으로 하건, 산업혁명이 일어난 250년 전으로 하건, 핵시대가 시작된 75년 전으로 하건, 아니면 정보시대가 시작된 30년 전으로 하건, 적어도 지구는 이제 지구 역사적 발전의 새로운 단계에 진입한 것은 분명하다. 우리가 그것을 인류세로 부르건, 자본세로 부르건, 플랜테이션세로 부르건, 쏠루세로 부르건, 엔트로피세로 부르건, 또는 생태세로 부르건, 현재의 생태적 파국을 가져온 형이상학적 뿌리를 진단하는 것은 자본주의와 근대 문명을 넘어선 세계를 향한 상상과 현실화의 필수적인 일부가 되어야 한다.

물론 마르크스도 인간이 지구에 깊이 연결되어 있음을 모르지 않았다. "인간 신체를 제외한 자연은 인간의 '비유기적' 신체이다. 인간은 자연'으로부터' 삶을 얻는다… 따라서 인간은 죽지 않으려면 자연과 지속적 대화를 유지해야만 한다. 인간의 육체적 및 정신적 삶이 자연과 연결되어 있다고 말하는 것은, 인간이 자연의 일부이기 때문에 단지 자연은 그 자체와 연결되어 있다는 것을 의미할 뿐이다"(Marx 1975: 276). 『자본론』에서 마르크스는 노동을 인간이 그 자신의 행위를 통해 그 자신과 자연 사이의 물질대사를 매개, 조절, 통제하는 과정이라고 파악하였다. 나는 인간-지구 관계에 대한 마르크스의 이러한 변증법적 이해가 우리의 새로운 가이아 현실을 묘사하는 방향으로 큰 걸음을 내디딘 것이란 점을 경시할 의도는 없다.

그러나 마르크스는 지구를 죽은 자연으로서 인간의식의 가치-창조적 힘을 기다리는 객체로 취급한 모든 근대적 편향을 아직 떨쳐내지 못했다고 본다. 나는 가치가 단지 인간의 사회적 구성물이나 인간의 노동 또는 욕망의 자유로운 창조물(로크, 마르크스, 하이에크 등 다양한 근대 사상가들이 이 점에 대해서는 일치함)이라고 보지 않는다. 화이트헤드와 라투르의 비근대주의 철학을 따라서 나는, 가치란 오히려 인간의 가치와 힘이 그로부터 도출되는 어떤 우주론적 힘이라고 보며 그런 깨달음 위에서 오늘날 문명의 전환이 이루어져야 한다고 생각한다.[18] 코로나 팬데믹과 기후위기라는 '가이아의 침입'에서 이런 깨달음을 얻지 못한다면 인류의 미래는 파국을 피하기 어렵기 때문이다. '가이아의 침입'은 근대 문명을 포함하여 인류의 모든 문명들을 가능하게 만들었던 온화하고 안정된 홀로세의 지구환경이 끝났다는 신호이며, 따라서 이제 가혹하고 불안정한 인류세의 지구환경에서 인류는 단지 생존하기 위해서라도 생태 문명으로의 전환이 불가피하다고 판단된다.

---

18 오늘날 화이트헤드 철학은 John B. Cobb 등의 의해 '생태 문명(ecological civilization)' 이론으로 발전되고 있는 점을 주목할 필요가 있다. 생태 문명론의 관점에 대해서는 장왕식(2019)을 참고할 것.

오늘날 많은 학자와 사상가들이 바로 이런 이유에서 근대 문명에서 생태 문명으로의 전환이 필요하고 불가피함을 주장하지만, 문제는 아직 생태 문명의 내용이 모호하고 추상적인 상태로 남아 있다는 점에 있다. 따라서 '생태 문명'이란 말은 오늘날 막연히 이상적인 관념을 뜻하거나 자신이 각자 신봉하는 이론 또는 사상에 부합하는 서로 상충하는 미래의 모델들이 함께 혼재된 담론적 공간일 뿐이다. 바로 이러한 불만족스러운 상태에서 벗어나 생태 문명을 위한 모색을 한걸음 더 현실로 진전시키기 위해, 이 마지막 장에서는 문명의 기초를 이루는 세계관(즉 세계에 대한 핵심적 믿음과 가정들)을 '패러다임'이라는 개념을 통해 파악함으로써 현 인류세 시대에 근대 문명에서 생태 문명으로의 전환이 요구하는 근본적 변화들을 제시해 보고자 한다.

주지하다시피 '패러다임'이란 용어는 토마스 쿤이 오늘날처럼 크게 학계와 사회에 유행시켰는데, 그는 패러다임을 어떤 시대의 과학자 공동체를 위해 모델 문제와 해법을 제공하는 일군의 관행으로 정의한 바 있다(Kuhn 1962). 이를 기초로 환경학자인 피라지스와 에를리히Pirages & Ehrlich(1974: 23)는 패러다임 개념의 의미와 적용범위를 넓혀서 그것은 "…어떤 전체 문화의 사회적 관련 부분으로서, 상이한 사회들은 상이한 지배적 사회패러다임들을 지니고 있다"고 주장한 바 있다. 따라서 정치적, 경제적 및 기술적 시스템들은 사회의 지배적 패러다임을 반영하는 것이며, 단지 개인들의 다양한 견해가 아니라 '전체 문화total culture'를 나타낸다고 본다. 바로 이런 의미에서 어떤 지배적 사회패러다임이 여러 사회들에 장기간에 걸쳐 공통되게 자리를 잡아 지배적 질서를 형성할 경우 우리는 그것을 '문명'이라 볼 수 있는 것이다.

최근 뵈메, 왈시, 그리고 왈스머Bohme, Walsh & Wamsler(2022)는 현 서구문명의 지배적 사회패러다임을 '기계적 패러다임mechanistic paradigm'으로 부르고 이에 대항하며 새로이 떠오르는 사회패러다임을 '관계적 패러다임relational paradigm'으로 각각 부르면서, 이 두 가지 패러다임들이 지속 가능한 삶의 방식에 어떤 상이한 함의를 지니는가를 분석한 바 있다. 기계적 패러다임은 서구의 산업문명에 특유한 것으로서 그 기본적 관념은 세계가 일종의 기계처럼 움직인다는 것이며, 이 관념은 서구의 합리주의, 경험주의, 환원론, 이원론, 결정론에 뿌리박혀 있다고 본다. 그리고 세계를 이런 방식으로 이해하는 것은 다음과 같은 세 가지의 공통된 패턴 때문에 지속 가능한 삶의 방식에 장애가 된다고 지적하고 있다(Böhme, et al. 2022: 2065).

- 패턴1: 인간은 자연과 분리되어 있으며 자연보다 우월하다.
- 패턴2: 인간은 자연을 통제할 능력이 있다.

● 패턴3: 자연은 일종의 기계로서, 그 부분들로 환원시켜 알 수 있고 다룰 수 있다.

관계적 패러다임이란 세계에 대한 기계론적 이해를 벗어나 전체론적이고 상호연결적이며 살아있는 시스템으로서 세계를 이해하는 관점으로 전환하는 것을 나타낸다. 사실상 그것은 새로운 패러다임이라기보다는 서구 산업 문명의 학자들이 동양의 신비주의와 종교적 전통들, 스피노자와 화이트헤드 같은 서구 사상가의 저작들, 그리고 심층생태주의, 에코페미니즘, 토착민철학 등에 담겨 있고 양자역학 및 생태학 같은 과학적 발견들에 의해 강화되는 사유 노선에 대한 재발견이라고 할 수 있다. 관계적 패러다임은 다음과 같은 7가지 패턴 덕분에 지속 가능한 삶의 방식에 대한 공통적 장애들을 극복하는 걸 도울 수 있다고 주장한다(*ibid.*: 2066-2071).

● 패턴1: 분리로부터 상호연결성으로
● 패턴2: 인간 행위성으로부터 인간 너머의 내부작용intra-action으로
● 패턴3: 개인으로부터 탈개인dividuals으로
● 패턴4: 통제로부터 창발로
● 패턴5: 심신 이원론으로부터 체현embodiment으로

- 패턴6: 개인적 웰빙으로부터 관계적 웰빙으로
- 패턴7: 의미 없음으로부터 의미 충만함으로

　근대 문명이 초래한 생태 위기를 파악하고 이를 극복하기 위해 생태 문명으로의 전환을 모색하는 노력에 있어서 위와 같은 기계적 패러다임과 관계적 패러다임의 대비는 매우 큰 도움이 된다고 할 수 있다. 이미 앞의 장들에서 논의한 것처럼 인류가 '가이아의 침입'에 의한 멸종을 피하려면 근대 문명에서 벗어나 지구의 행성적 한계 안에서 가이아의 조화로운 일부로서 다른 종들과 더불어 번영을 추구하는 새로운 생태 문명으로의 전환이 불가피하다. 그런데 이와 같은 문명의 전환을 이루기 위해서는 각 문명의 핵심을 이루는 지배적 패러다임을 명확히 파악하고 이의 변화를 집합적으로 추구하는 노력이 필요하다는 통찰을 위의 논문은 함의한다고 볼 수 있다. 관계적 패러다임이 지속 가능한 삶의 방식에 도움이 된다는 위 논문의 이론적 관점 역시 화이트헤드와 라투르의 비근대주의 철학과 조화를 이루는 신유물론 흐름에 속한다고 보인다. 위 논문의 저자들은 2020년의 다른 논문에서는 관계적 패러다임을 구성하는 요소들을 존재론, 인식론, 윤리의 세 가지 범주들에 따라 분석을 하면서 이들의 내부작용intra-action을 통해 상호 구성되는 어셈블리지가 바로 '패러다임'이라는 점을 보여 주었다(Böhme, et al. 2020). 이 때 존재론, 인식론, 윤리는 각각 다음과 같은 내용을 의미한다.

1) 존재론: 어떤 종류의 사물들이 세계에 존재하며, 그들의 존재조건과 의존관계 등은 무엇인가에 대한 묵시적 또는 명시적 가정들.

2) 인식론: 우리가 어떻게 세계를 알게 되는가를 말하며, 이에 따라 실재를 이해하기 위한 기준과 방법 등이 정의됨.

3) 윤리: 어떤 것이 도덕적으로 좋고 나쁘며 옳고 그른지를 말하는데, 이에는 사회정치적 삶에 의해 형성되는 문화적 가치, 도덕, 규범 등이 있음.

나는 어떤 문명의 지배적 패러다임을 구성하는 요소들을 이렇게 분석하는 것에 공감하며, 이 세 가지와 더불어 행위성과 정치를 그러한 요소들에 추가함으로써 더욱 패러다임의 핵심적 특징과 구체적 윤곽을 드러낼 수 있다고 본다. 왜냐하면 존재론과 인식론 그리고 윤리라는 다소 추상적인 요소들을 기반으로 하여 이를 특정한 유형의 구체적 실천으로 담아내는 것이 바로 행위성이며, 이 행위성의 집합적 발휘를 통해 현실 세계의 질서를 형성하고 변화시키는 과정이 바로 정치이기 때문이다.

4) 행위성: 현실 세계의 상태를 변화할 수 있는 행위의 능력

5) 정치: 행위성의 집합적 발휘를 통해 현실 세계의 특정한 질서를 창조하는 과정

이런 관점에서 보자면 어떤 문명의 지배적 패러다임이란 바로 이러한 다섯 가지의 핵심적 구성요소들이 서로 내부작용을 통해 상호구성되는 어셈블리지라고 할 수 있다. 그리고 문명의 전환이란 다름이 아니라 바로 이러한 지배적 패러다임을 변혁하는 작업이며, 결국 그것은 기존 문명의 지배적 패러다임과 이에 대항하며 새로이 떠오르는 문명의 지배적 패러다임 사이에 힘의 갈등을 불가피하게 수반하는 과정일 것이다. 오늘날 인류세의 생태 위기는 근대 문명의 기계적 패러다임과 생태 문명의 관계적 패러다임이 서로 치열하게 부딪히며 갈등하도록 만드는 중대한 계기가 되었으며, 생태 위기가 지속되는 한 이러한 갈등은 점점 심화되리라 예상된다. 다음의 〈표 2〉는 이러한 두 패러다임 사이의 차이와 갈등을 요약하여 표로 나타낸 것이다.

	기계적 패러다임	관계적 패러다임
존재론	이원론(위계적 존재론)	다원론(평평한 존재론)
인식론	재현주의	구성주의
윤리	인간 중심주의	탈인간 중심주의
행위성	오직 인간만 보유	인간과 비인간에 분포됨
정치	자유민주주의(+사회주의)	생태 민주주의 ('사물의 의회')

첫째, 존재론의 면에서 기계적 패러다임은 정신/물질=주체/객체=인간/비인간=사회/자연의 엄격한 구분을 가정하는 이원론에 따르며, 이중 전자(정신, 주체, 인간, 사회)가 후자(물질, 객체, 비인간, 자연)보다 우월한 존재라고 믿는 위계적 존재론의 관점을 취한다. 이에 반하여 관계적 패러다임은 세계가 이렇게 순수한 두 가지 실체로 나뉘어져 있지 않으며, 정신적 속성과 물질적 속성이 분리되지 않고 함께 공존하는(어떤 속성이 더 강한가는 경우마다 다르겠지만) 다양한 존재들로 이루어져 있다고 보는 다원론의 관점을 취한다. 그리고 이런 다양한 존재들은 종류에 상관없이 상호연결되어 사회물질적 어셈블리지를 구성함으로써 세계를 형성하고 변화시킨다고 보는 평평한 존재론 위에서 있다.

둘째, 인식론의 면에서 기계적 패러다임은 세계에 대한 지식이 관찰자의 행위와 상관없이 실재(자연 또는 사회)를 거울처럼 재현하는 것이 가능하며 옳다고 보는 재현주의의 입장에 서 있다. 반면에 관계적 패러다임은 세계에 대한 지식이란 항상 관찰자의 능동적 행위에 따라 구성되는 부분적이고 상황적인partial and situated 지식일 수밖에 없다는 점을 강조한다(Haraway 1991). 다만 이러한 주장은 지식을 관찰자의 주관에 따라 마음대로 구성할 수 있다는 말이 아니라, 관찰자와 관찰 대상 그리고 관찰 도구 사이-즉 인간과 비인간 사이-의 이질적 연결망(Latour 1987) 또는 밀접한 얽힘(Barad 2007)이 형성될 때 견고한 지식이 만들어진다는 말이다. 이런 연결망 또는 얽힘을 통해 지식과 실재는 사실상 공동생산된다. 기후변화에서 보듯이 지식은 실재의 구성에 적어도 부분적으로 참여하며, 이런 의미에서 그것은 재현적이 아니라 수행적이라 볼 수 있다.

셋째, 윤리의 면에서 기계적 패러다임은 세계의 모든 존재 가운데 인간의 특별함과 우월성을 믿는 인간 중심주의 입장에 서 있다. 왜냐하면 정신/물질의 이원론은 오직 인간이 물질(몸)만이 아닌 정신을 지닌 존재인 반면에 나머지 모든 비인간들은 단지 물질로 이루어진 기계적 존재라고 보기 때문이다. 따라서 인간의 존엄성(자유, 이성, 개인, 인권 등)을 최고의 가치로서 믿고 보장하는 윤리관이 여기선 당연시된다. 이에 반하여 관계적 패러다임은 인간과 비인간이 근본적으로 동등한 가치를 지닌다고 믿는 탈인간 중심주의 입장에 서 있다. 화이트헤드가 주장했듯이 우주의 모든 존재는 그 자체, 타자, 그리고 전체를 위하여 가치를 지니고 있을 뿐만 아니라, 러브록과 마굴리스가 주장했듯이 가이아는 다종간 공생을 통해 형성된 '생명의 그물web of life'이다. 기계적 패러다임에서는 모든 존재가 분리된 실체들이라고 보기 때문에 항상 그들 사이의 위계를 따지지만, 관계적 패러다임에서는 모든 존재들이 연결된 것을 보기 때문에 그들 사이의 관계를 더 중요한 것으로 본다.

넷째, 행위성의 면에서 기계적 패러다임은 오직 인간만이 그러한 능력을 보유한다는 점을 확신한다. 근대 문명의 인간 중심주의에서 행위성이란 단지 "현실 세계의 상태를 변화시킬 수 있는 능력"이 아니라 인간처럼 의도성intentionality—즉 자기의식의 정신적 능력—을 지닌 행위를 할 수 있는 능력이라고 정의하기 때문이다. 그러나 이것은 행위성을 지나치게 협소하게 정의한 것이며, 비인간들의 다양하고 복잡한 비결정론적인 행위를 모두 기계적인 법칙에 의한 단순한 "작용"으로 간주하는 오류를 범하는 것이다. 관계적 패러다임은 행위성의 정의를 탈인간 중심주의에 기초하여 훨씬 넓힐 뿐만이 아니라, 어떤 존재의 고정된 내재적 속성으로 간주하지 않고 관계에 따라 속성이 변할 수 있는 관계적 행위성relational agency 개념을 채택한다. 생기적 유물론자 제인 베넷이 어셈블리지를 구성하는 인간과 비인간들은 "분포된 행위성distributed agency"을 지닌다고 주장한 것도 이와 일맥상통한다(Bennett 2020).

다섯째, 정치의 면에서 기계적 패러다임은 인간에게만 법적 권리를 부여하며 개인의 자유를 정치제도로서 확고히 보장하는 자유민주주의를 정치의 이상적 모델로 삼는다. 그런데 이런 자유민주주의가 부와 권력이 상이한 인간 집단 사이의 계급불평등을 심화시키면서 대안적 정치로서 사회주의가 대두하였다. 하지만 사회주의 역시 이원론과 인간 중심주의를 벗어난 사상이나 정치는 아니었기 때문에 근대 문명의 한계를 극복한 정치적 대안이 되기는 어렵다고 판단된다. 관계적 패러다임에서 제시하는 대안적 정치는 생태 민주주의이다. 자유민주주의가 지닌 생태적 문제점들로 인해 1990년대부터 대두되었으며, 민주주의를 생태주의와 조화시키려는 1.0 버전을 넘어서 2010년대부터는 신유물론에 영향을 받아 생태 민주주의를 일상의 물질적 실천들로 심화시키는 2.0 버전이 대두하고 있다(Eckersley 2019). 라투르가 주장하는 '사물의 의회' 또는 '코스모폴리틱스' 역시 생태 위기 해결을 위해 비인간 자연에로 민주주의 정치를 확대하는 일종의 생태 민주주의라고 할 수 있다(Latour 1993 & 2004).

아직 초보적 수준이지만 이상과 같이 관계적 패러다임을 중심으로 생태 문명의 기초에 대한 윤곽을 그려 보았다. 물론 생태 문명이란 근대 문명의 종말 이후에 저절로 도래할 미래가 아니라 인간들이 비인간들과 관계적 패러다임에 입각한 새로운 관계를 맺으면서 만들어 가야 할 미래기 때문에 아직 매우 불확실하고 유동적이다. 그렇기 때문에 근대 문명에 젖어 있는 많은 사람들은 그것이 결코 지구에서 실현되지 못할 비현실적 몽상일 뿐이라고 거부하거나 비난하는 경향이 있다. 예컨대 기후위기의 해법은 체제나 문명의 전환이 아니라 오로지 혁신적인 기술개발에 있다고 주장하는 생태 근대주의(녹색성장론)의 신봉자들이 그러하다. 하지만 우리가 인류의 역사를 돌이켜 보면, 근대 문명(과 그 기초인 기계적 패러다임)이 세계의 지배적 질서가 된 것은 기껏해야 18세기 후반 산업혁명 이후 또는 더 거슬러 올라가자면 16세기 식민주의 이후부터일 뿐이라고 볼 수 있다. 그 이전 시대에 인류는 수천 년 동안 오히려 동·서양을 막론하고 관계적 패러다임의 뿌리라고 볼 수 있는 세계관에 따라 문명을 형성하고 살아 왔기 때문이다(Scofield 2004). 따라서 생태 문명으로의 전환이란 사실상 우리 근대인들이 잊은 우리 자신의 오래된 문명의 뿌리를 재발견하고 그로부터 오늘날의 세계를 살아갈 지혜를 얻는 일인지도 모른다(노르베리-호지 2018). 물론 근대 문명이 발전시킨 다양하고 방대한 지식과 기술 중에도 생태 문명의 형성과 발전에 도움이 될 요소들은 창조적으로 활용해야 할 것이다.

마지막으로 근대 문명에서 생태 문명으로의 전환이 인류의 멸종과 생태계 파국을 피하기 위해 불가피하고 또 그러한 문명 전환을 위한 비전과 청사진이 마련되어 있다 할지라도, "과연 누가 어떻게 그러한 전환을 주도할 것인가?" 하는 이른바 '변혁 주체'에 대한 언급이 빠져서는 이제까지의 논의가 모두 막연한 기대와 희망사항에 불과한 것으로 느껴질 수 있다. 실제로 기후변화와 코로나19 팬데믹으로 인해 아무리 생태 위기의 중요성과 그 해결의 필요성에 대한 국내·외 관심이 높아졌다 해도 정작 우리 사회 안에 그것을 자신의 문제로 삼아 강력한 사회운동으로 실천하는 세력이 없거나 미약하다면 생태 위기는 결코 중요한 국가적 의제가 될 수 없을 것이기 때문이다. 오늘날 기후변화의 원인은 근대 문명의 뿌리깊은 성장주의지만 이로부터 이익을 얻는 기득권 세력(성장주의 정부, 화석연료 기업 등)이 지배하기 때문에 기후변화는 부정되거나 주변적 이슈에 머무는 것이다. 예컨대 2022년 국내 정치의 최대 이벤트였던 대통령선거와 지방선거에서 기후변화가 선거를 좌우할 만한 중요한 이슈가 못되었던 것도 바로 이런 이유 때문이었다고 할 수 있다. 따라서 문명의 전환이 시작되기 위해서는 근대 문명을 지속하려는 기득권 세력의 지배력에 도전하면서 생태 문명으로의 전환을 추구하는 전환 세력(기후과학자, 기후정의운동 등)의 결집이 필요하며, 이 두 세력 사이의 뚜렷한 갈등을 만들어 내는 일이 현재의 국면에서 가장 선행되어야 할 실천이라 판단되는 것이다.

바로 이와 같은 이유에서 세계기후정의주간을 맞아 2022년 9월 24일 국내에서 열렸던 기후정의행진은 노동, 농민, 여성, 장애인, 동물권, 환경, 종교 등 400여 개의 단체가 공동으로 주최하고 약 3만5천 명의 시민들이 참여했던 중요한 집회였다고 볼 수 있다. 기존에 뿔뿔이 흩어져 소규모 활동과 캠페인에 머물던 전환 세력의 파편화된 실천들이 이와 같은 대규모 집회를 통해 문제의식의 공유와 집합적 실천의 경험을 함으로써 '전환 세력'으로서의 확실한 정체성과 강력한 행위성을 갖출 수 있기 때문이다. 근대 문명을 유지하려는 기득권 세력은 이미 이해관계를 중심으로 강고하게 결합이 되어 있음에 반해 그동안 이에 도전할 만한 힘을 형성하지 못해 지리멸렬한 상태로 남아 있던 전환 세력이 이제 드디어 하나의 행위자-연결망 또는 어셈블리지로 단단하게 결집할 계기를 마련한 것이다. 최근에 라투르와 그의 젊은 동료 슐츠는 근대 문명에 대항하여 생태 문명을 추구하는 자기의식을 지닌 전환 세력을 가리켜 '생태 계급(또는 녹색 계급)'이라 부르는 저서를 발표하기도 하였다(라투르 & 슐츠 2022). 이는 생태 문명으로의 전환을 적극적으로 추진할 변혁 주체에 대해 처음으로 명시하고 이론화를 시도한 것이라 볼 수 있다. 앞으로 이러한 이론화가 보다 구체적이고 치밀하게 전개되어 변혁 주체의 형성에 기여함으로써 문명 전환의 실천으로 이어지기를 기대한다. 끝으로 미국의 저명한 환경운동가 레스터 브라운이 영화 〈우리가 알던 세상은 끝났다(Normal Is Over)〉에서 했던 다음과 같은 말을 인용함으로써 이 글의 결론을 삼고자 한다.

"문명을 구하자고 하면서 관중의 태도를 취해서는 안 돼요. 우리 모두는 문명의 미래에 이해관계가 있어요. 우리 대부분이 아이가 있고 손주가 있지요. 우리는 그들이 살아갈 세상을 만들고 조만간 어떻게든 그들의 미래를 결정하게 될 겁니다."

◎ 참고문헌

김은주, 「우리는 어떤 물체가 많은 방식으로 변용됨을 느낀다: 데
　　카르트의 심신 합일 논증에 대한 스피노자의 대안」, 『철
　　학』, 제122집, 한국철학회, 2015.

김종철, 『근대문명에서 생태문명으로』, 녹색평론사, 2019.

김환석, 「행위자-연결망 이론에서 보는 과학기술과 민주주의」,
　　『동향과 전망』, 제83호, 한국사회과학연구소, 2011.

_____, 「사회과학의 '물질적 전환'을 위하여」, 『경제와 사회』, 통
　　권 제112호, 비판사회학회, 2016.

_____, 「인공지능 시대를 보는 이론적 관점들」, 『사회와 이론』,
　　통권 제31집, 한국이론사회학회, 2017.

_____, 「사회과학의 새로운 패러다임, 신유물론」, 『지식의 지평』,
　　대우재단, 2018.

_____, 「사회과학과 신유물론 패러다임: 사회학 분야를 중심으
　　로」, 『안과밖』, 제48호, 영미문학연구회, 2020.

_____, 「브뤼노 라투르의 가이아 이론과 한국의 사례: 근대화 vs
　　생태화」, 『과학기술학연구』, 제22권 1호, 한국과학기술학

회, 2022.

라투르, 브뤼노 & 니콜라이 슐츠, 『녹색계급의 출현』, 이규현 역, 이음, 2022.

러브록, 제임스, 『가이아: 생명체로서의 지구』, 홍욱희 역, 범양사, 1990.

록스트룀, 요한 & 오웬 가프니, 『브레이킹 바운더리스: 기후위기를 극복하기 위한 담대한 과학』, 전병옥 역, 사이언스북스, 2022.

박삼열, 「데카르트 실체 개념의 문제점과 후대 합리론자들의 해결방안」, 『철학논집』, 제20집, 서강대학교 철학연구소, 2010.

블록, 아네르스 & 토르벤 엘고르 옌센, 『처음 읽는 브뤼노 라투르: 하이브리드 세계의 하이브리드 사상』, 황장진 역, 사월의책, 2017.

송은주, 「인류세에 부활한 가이아: 가이아의 이름을 재정의하기」, 『인문콘텐츠』, 제62호, 인문콘텐츠학회, 2021.

유선무, 「신유물론 시대의 문학 읽기」, 『안과밖』, 제48호, 영미문학연구회, 2020.

이광근, 「21세기 초 생태마르크스주의 논쟁의 쟁점들: 물질대사 균열 비판과 반비판」, 『경제와사회』, 제133호, 비판사회학회, 2022.

이지선, 「무한 우주에서 닫힌 세계 혹은 갇힌 지상으로: 라투르의 정치생태학과 우주주의적 지구론」, 『환경철학』, 제32호, 한국환경철학회, 2021.

장왕식, 「생태문명을 지향하여: 화이트헤드적 관점에서」, 『환경철학』, 제28호, 한국환경철학회, 2019.

정연보, 「기후위기 시대의 트러블과 함께 하기: 공동생성과 촉수적 사고, 생태주의적 돌봄을 중심으로」, 『페미니즘연구』, 제22권 1호, 한국여성연구소, 2022.

최유미, 『해러웨이, 공-산의 사유』, 도서출판b, 2020.

타르드, 가브리엘, 『모나돌로지와 사회학』, 이상률 역, 이책, 2015.

히켈, 제이슨, 『적을수록 풍요롭다: 지구를 구하는 탈성장』, 김현우 & 민정희 역, 창비, 2021.

Alexander, C., *The Luminous Ground,* Berkeley, CA: The Center for Environmental Structure, 2004.

Barad, K., "Meeting the universe halfway: realism and social constructivism without contradiction," in L. H. Nelson and J. Nelson (eds.), *Feminism, Science and the Philosophy of Science*, Dordrecht: Kluwer, 1996.

_____, *Meeting the Universe Halfway: Quantum Physics and the Entanglement of Matter and Meaning*, Durham, NC: Duke University Press, 2007.

Barthes, R., *Myth Today, Mythologies*, London: Vintage, 1993.

Bennett, J., "The agency of assemblages and the North American blackout," *Public Culture* 17(3), 2005.

_____, *Vibrant Matter: A Political Ecology of Things* Durham, NC: Duke University Press, 2010.(『생동하는 물질』, 문성재 역, 현실문화, 2020)

Benton, T., *Natural Relations: Ecology, Animal Rights and Social Justice*, London: Verso, 1993.

Beyer, R. M., et al, "Shifts in Global Bat Diversity Suggest a Possible Role of Climate Change in the Emergence of SARS-CoV-1 and SARS-CoV-2," *Science of the Total Environment*, 767, 2021.

Bhaskar, R., *Possibility of Naturalism*, London: Routledge, 1979.

Boston, P. J., et al, *Scientists Debate Gaia: The Next Century*, Cambridge, MA: MIT Press, 2004.

Böhme, J., et al, "Sustainable Lifestyles: Towards a Relational Approach," *Sustainability Science* 17, 2022.

Braidotti, R., *The Posthuman*, Cambridge: Polity Press, 2013.(『포스트휴먼』, 이경란 역, 아카넷, 2015)

Candea, M.(ed.), *The Social after Gabriel Tarde: Debates and Assessments*, London: Routledge, 2010.

Carver, T., "Darwinism", in T. Bottomore (ed.), *A Dictionary of Marxist Thought*, Oxford: Blackwell, 1991.

Cazzolla, G. R., "Is Gaia alive? The future of a symbiotic planet," *Futures*, 104, 2018.

Chakrabarty, D., "The Climate of History: Four Theses," *Critical Inquiry*, 35(2), 2009.

Clark, A., "Where Brain, Body and World Collide," in L. Malafouris & C. Knappett (eds.), Material Agency: Towards a Non-Anthropocentric Approach, New York: Springer, 2008.

Clifford, J., *Returns: Becoming Indigenous in the Twenty First Century*, Cambridge, MA: Harvard University Press, 2013.

Clough, P. T., "Future matters: technoscience, global politics, and cultural criticism," *Social Text*, 22(3), 2004.

Coole, D. & S. Frost (eds.), *New Materialisms: Ontology, Agency, and Politics*, Durham, NC: Duke University Press, 2010.

Crutzen, P. J. & E. F. Stoermer, "The Anthropocene," *Global Change Newsletter*, 41, 2000.

Crutzen, P. J. & C. Schwägerl, "Toward a New Global Ethos," *Environment*, 360, 24 January 2011.

DeLanda, M., *A New Philosophy of Society*, London: Continuum,

2006.

Deleuze, G., *Spinoza: Practical Philosophy*, San Francisco, CA: City Lights, 1988.

Deleuze, G. & F. Guattari, *A Thousand Plateaus*, London: Athlone, 1988.

Durkheim, E., *Socialism*, New York: Collier Books, 1962.

Eckersley, R., "Ecological Democracy and the Rise and Decline of Liberal Democracy: Looking Back, Looking Forward," *Environmental Politics*, 29(2), 2020.

Fox, N. & P. Alldred, *Sociology and the New Materialism: Theory, Research, Action, Thousand Oaks*, CA: Sage, 2017.

Franklin, H. B., "What are we to make of J.G. Ballard's Apocalypse?", https://www.jgballard.ca/criticism/ballard_apocalypse_1979.html, 1979.

Gerth, H. & C. Wright Mills, *From Max Weber*, London: Routledge, 1991.

Giddens, A., *Capitalism and Modern Social Theory: An Analysis of the Writings of Marx, Durkheim and Weber*, Cambridge: Cambridge University Press. 1971.

_____, *Durkheim*, Brighton: Harvester Press, 1978.

Halewood, M., *A. N. Whitehead and Social Theory*, London:

Anthem Press, 2011.

Hamilton, C., *Earth Masters: The Dawn of the Age of Climate Engineering*, New Haven, CT: Yale University Press, 2013.

_____, "The New Environmentalism Will Lead Us to Disaster," *Scientific American*, 19 June 2014.

_____, "The Anthropocene as Rupture," *The Anthropocene Review*, 3(2), 2016.

Hamilton, P., *Max Weber: Critical Assessments*, London: Routledge, 1991.

Haraway, D., "Situated Knowledges: The Science Question in Feminism and the Privilege of Partial Perspective," *Feminist Studies*, 14(3), 1988.

_____, *How Like a Leaf*, London: Routledge, 2000.

_____, *Staying with the Trouble: Making Kin in the Chthulucene*, Durham, NC: Duke University Press, 2016. (『트러블과 함께하기』, 최유미 역, 마농지, 2021)

Herrington, G., "Update to Limits to Growth: Comparing the World3 Model with Empirical Data," *Journal of Industrial Ecology*, 25(3), 2021.

Hodder, I., *Entangled: An Archaeology of the Relationships between Humans and Things*, New York: Wiley-Blackwell,

2012.

Ingold, T., *The Appropriation of Nature: Essays on Human Ecology and Social Relations*, Manchester: Manchester University Press, 1986.

Jameson, F., "Future City," *New Left Review*, 21, May/June 2003.

Klein, N., *The Shock Doctrine: The Rise of Disaster Capitalism*, London: Allen Lane, 2007.

Kolbert, E., "Enter the Anthropocene – Age of Man," *National Geographic*, March, 2011.

Kuhn, T. S., *The Structure of Scientific Revolutions*, Chicago, IL: The University of Chicago Press, 1962.(『과학혁명의 구조』, 김명자 역, 까치, 2013)

Latour, B., *Science in Action: How to Follow Scientists and Engineers through Society*, Cambridge, MA: Harvard University Press, 1987. (『젊은 과학의 전선: 테크노사이언스와 행위자-연결망의 구축』, 황희숙 역, 2016, 아카넷)

_____, *We Have Never Been Modern*, Cambridge, MA: Harvard University Press, 1993.(『우리는 결코 근대인이었던 적이 없다』, 홍철기 역, 갈무리, 2009)

_____, "To Modernize or to Ecologize, That is the Question," in N. Castree & B. Braun (eds.), Remaking Reality, London:

Routledge, 1998.

_____, *Pandora's Hope*, Cambridge, MA: Harvard University Press, 1999.(『판도라의 희망』, 장하원, 홍성욱 역, 휴머니스트, 2018)

_____, "When Things Strike Back: A Possible Contribution of 'Science Studies' to the Social Sciences," *The British Journal of Sociology*, 51(1), 2000.

_____, *Politics of Nature: How to Bring the Sciences into Democracy*, Cambridge, MA: Harvard University Press, 2004.

_____, *Reassembling the Social: An Introduction to Actor-Network Theory*, Oxford: Oxford University Press, 2005.

_____, "A Plea for Earthly Sciences," keynote lecture for the 2007 annual meeting of the British Sociological Association, published in J. Burnett, S. Jeffers & G. Thomas (eds.), *New Social Connections*, London: Palgrave Macmillan, 2010.

_____, *Facing Gaia: Eight Lectures on the New Climatic Regime*, Cambridge: Polity Press, 2017.

_____, *Down to Earth: Politics of the New Climatic Regime*. Cambridge: Polity Press, 2018.(『지구와 충돌하지 않고 착륙하는 방법: 신기후체제의 정치』, 박범순 역, 이음, 2021)

_____, *After Lockdown*, Cambridge: Polity Press, 2021. (『나는

어디에 있는가?: 코로나 사태와 격리가 지구생활자들에게 주는 교훈』,
김예령 역, 이음, 2021)

Latour, B. & P. Weibel, (eds.), *Critical Zones*, Cambridge, MA: MIT Press, 2020.

Law, J., "Notes on the theory of the actor-network: ordering, strategy and heterogeneity," *Systems Practice*, 5(4), 1992.

Lovelock, J. E. & L. Margulis, "Atmospheric Homeostasis by and for the Biosphere: The Gaia Hypothesis," *Tellus*, 26(1-2), 1974.

Lovelock, J., *The revenge of Gaia: Why the Earth is fighting back and how we can still save humanity*, Penguin, 2007.

_____, "Beware: Gaia may destroy humans before we destroy the Earth," *The Guardian*, November 2, 2021.

Marx, K., *Capital Vol. I*, London: Penguin, 1975.

_____, "Economic and Philosophical Manuscripts," in D. McLellan (ed.), *Karl Marx: Selected Writings*, Oxford: Oxford University Press, 1977.

_____, "Critical Battle Against French Materialism," in W. Schirmacher (ed.), *German Socialist Philosophy: Ludwig Feuerbach, Karl Marx, Friedrich Engels*, London: Bloomsbury, 1997.

Marres, N., *No Issue, No Public: Democratic Deficits after the Displacement of Politics*, Doctoral Thesis, Amterdam: University of Amsterdam, 2005.

Michael, M., *Constructing Identities*, London: Sage, 1996.

Mitchell, T., *Rule of Experts: Egypt, Techno-Politics, Modernity*, Berkeley, CA: University of California Press, 2002.

_____, *Carbon Democracy: Political Power in the Age of Oil*, London: Verso, 2011.

Pirages, D. C. & Ehrlich, P. R. *Ark II: Social Response to Environmental Imperatives*, New York: W. H. Freeman, 1974.

Poon, L. L. & M. Peiris, "Emergence of a novel human coronavirus threatening human health," *Nature Medicine*, 26, 2020.

Rockström, J. et al, "Planetary Boundaries: Exploring the Safe Operating Space for Humanity," *Ecology and Society*, 14(32), 2009.

Russell, E., *Evolutionary history: uniting history and biology to understand life on Earth*, Cambridge: Cambridge University Press, 2011.

Sample, I., "Anthropocene: is this the new epoch of humans?" *The Guardian*, 16 October, 2014.

Sanders, C., "The Sociology of Human-Animal Interaction and Relationships", https://networks.h-net.org/node/16560/pages/32228/sociology-human-animal-interaction-and-relationships-clinton-r-sanders, 2006.

Schultz, N., "New Climate, New Class Struggles," in Latour, B. & P. Weibel (eds.), *Critical Zones*, Cambridge, MA: MIT Press, 2020.

Scofield, B., "Gaia: the Living Earth, 2500 Years of Precedents in Natural Science and Philosophy," In S. H. Schneider et al.(eds.), Scientists Debate Gaia, Cambridge, MA: MIT Press, 2004.

Serres, M., *The Natural Contract*, Ann Arbor, MI: Michigan University Press, 1995.

Steffen, W. et al., "The Anthropocene: From Global Change to Planetary Stewardship," *Ambio*, 40(7), 2011.

Stengers, I., *Thinking with Whitehead*, Cambridge, MA: Harvard University Press, 2014.

_____, *In Catastrophic Times: Resisting the Coming Barbarism*, London: Open Humanities Press, 2015.

Tiwari, R., "Gandhi as an Environmentalist," *Indian Journal of Medical Research*, 149(Suppl 1), 2019.

Tschakert, P. et al., "Multispecies Justice: Climate-Just Futures with, for and beyond Humans," *WIREs Climate Change*, 12(2), 2021.

van der Tuin, I. & R. Dolphijn, "The transversality of new materialism," *Women: A Cultural Review*, 21(2), 2010.

van der Tuin, I. & R. Dolphijn (eds.), *New Materialism: Interviews & Cartographies*, London: Open Humanities Press, 2012.

Viveiros de Castro, E. & D. Danowski, "Humans and Terrans in the Gaia War," in Marisol de la Cadena & Mario Blaser (eds.), *A World of Many Worlds*, Durham NC: Duke University Press, 2018.

Walsh, Z., et al, "Towards a relational paradigm in sustainability research, practice, and education," *Ambio*, 50(1), 2020.

Weber, M., *The Theory of Social and Economic Organization*, New York: Free Press, 1947.

Wheen, F., *Karl Marx*, London: Fourth Estate, 2000.

Whitehead, A. N., *The Concept of Nature*, Cambridge: Cambridge University Press, 1920.(『자연의 개념』, 안형관 역, 이문출판사, 1998)

_____, *Process and Reality: An Essay in Cosmology*, New York: Macmillan Company, 1929.

_____, *Modes of Thought*, New York: MacMillan Company, 1938.

Winch, P., *The Idea of a Social Science and its Relation to Philosophy*, London: Routledge, 1990.

Zeder, M. A., "Central questions in the domestication of plants and animals," *Evolutionary Anthropology*, 15, 2006.

부록1

라투르의 정치 생태학과 슐츠의 새로운 계급이론(by 김환석)

   브뤼노 라투르는 오늘날의 지구적 생태 위기에 대한 자신의 진단과 처방을 1999년에 저서 『자연의 정치학』에서 제시함으로써 자신의 독특한 정치 생태학political ecology을 본격적으로 소개한 바 있다.[19] 그에 의하면 근대성의 존재론적 특징인 비인간/인간(자연세계/사회세계)의 이원론적 질서가 생태 위기를 낳은 근본적 원인이며 따라서 탈이원론에 기초한 "공동세계의 점진적 구성"을 뜻하는 코스모폴리틱스cosmopolitics를 그 처방으로 제시하였다. 라투르의 이러한 정치 생태학적 관점은 인류가 기존처럼 '근대화'의 길을 계속 추구할 것인가 아니면 코스모폴리틱스에 따른 새로운 '생태화'의 길을 모색할 것인가 하는 질문을 그 핵심으로 삼아 후속 저작들에서도 계속 새로운 형

---

19   이 책은 1999년에 불어판이 나왔고 영문 번역판은 2004년에 나왔음(Latour 2004).

태로 변주되면서 나타나고 있다.

라투르는 2013년 2월 영국 에든버러대학의 초청으로 했던 기포드 강연(제목 "가이아를 마주보기")에서부터 제임스 러브록과 린 마굴리스의 '가이아' 가설을 자신의 정치 생태학에 수용하면서 이를 인류세의 신기후체제를 바라보는 자신의 기본 관점으로 채택하였다. 이에 따라 그는 *Facing Gaia*(2017)와 *Down to Earth*(2018), *Critical Zones*(2020), *After Lockdown*(2021) 등 최근 발표한 일련의 책에서 가이아 정치 생태학을 통해 인류세의 여러 양상을 분석하면서, 지구적 생태 위기가 왜 가이아 내부 세계들의 전쟁 상태이며 이러한 위기의 궁극적 해결이 어떻게 가능한가를 꾸준히 모색해 왔다.[20] 이러한 가이아 정치 생태학 연구를 바탕으로 이제는 인류세의 불평등(즉 계급) 문제까지 본격적으로 분석할 수 있는 새로운 이론적 작업을 덴마크의 젊은 사회학자 니콜라이 슐츠와 더불어 착수했는데, 그것이 바로 이번에 국내에 번역서가 나오게 된 *Mémo sur la nouvelle classe écologique*(2022)이다.

이미 *Down to Earth*에서 라투르는 기존의 계급운동과 환경운동은 혁명적 변화를 일으키는 데 모두 실패했으며 그것은 양자가 함께 결합되지 못했기 때문이라고 주장하였다. 양자의

---

20 라투르의 가이아 정치 생태학 소개와 이것이 한국에 주는 함의에 대해서는 김환석 (2022)을 참고할 것.

진정한 결합을 위해서는 우리가 인간과 비인간 사이의 오랜 이분법을 포기할 뿐만 아니라, 특히 사회계급과 경제에 대한 마르크스의 분석을 우리 유물론의 기초로서 삼는 것을 폐기할 필요가 있다고 그는 주장하였다. 전통적인 좌파 유물론의 정치는 그 분석에 문화와 가치를 추가한 경우에도 혁명을 일으키는 데 실패했는데, 왜냐하면 물질세계 자체에 대한 그들의 정의가 추상적-관념적이어서 실재와 동떨어져 있기 때문이라고 그는 지적한다. 그 대신에 라투르는 "지구족으로의 지향이 부여하는 신유물론"(Latour 2018: 61)을 옹호하면서, 구체적 물질성의 실재인 영토적 위치에 의해 정의되는 지구사회적geo-social 계급들은 결코 비인간들을 배제한 사회적social 계급과 같은 방식으로 불평등을 개념화할 수는 없다고 주장한다.

이런 지구사회적 계급을 사유하는 것은 마르크스의 생산시스템system of production 분석[21]을 통해서는 더 이상 가능하지 않다고 라투르는 보는데, 마르크스주의는 비인간 자연이 인간 활동을 위한 '맥락'이자 '자원'일 뿐이라는 이원론적 관념을 유지

---

21 라투르가 "마르크스의 생산시스템 분석"이라고 부르는 것은 마르크스의 역사적 유물론을 가리킨다. 즉 마르크스는 역사상 모든 사회의 생존 및 재생산에 필요한 물질적 힘들을 '생산력'(인간노동과 생산수단)이라 불렀고, 이 생산력과 특수한 '생산의 사회적 관계'가 결합되어 각 역사적 시기의 '생산양식'을 이룬다고 보았다. 바로 이 생산양식이 사회가 존재할 수 있는 객관적 기초가 되는 한편, 각 생산양식 안에서 사람들은 생산수단의 소유 여부에 따라 상이한 사회계급들로 나뉘어진다고 보았다. 그리고 어떤 사회계급에 속하느냐에 따라 사람들은 상이한 이해관계와 의식을 지니게 되며, 바로 이런 의미에서 사회계급은 사회의 주관적 기초를 제공하는 역할을 한다고 보았던 것이다.

하고 있기 때문이다. 라투르는 우리가 이런 생산시스템 대신에 이원론을 벗어난 생성시스템systems of engendering을 통해 사유하고 행동해야 한다고 제시하면서, 그것은 다음의 세 가지 점에서 생산시스템과 차이가 있다고 지적한다.

첫째, 그것은 지향 원칙에서 다르다. 근대성은 다른 무엇보다 인간 자유를 중요시하지만, 우리는 이제 의존성의 원칙에서 새로운 권위를 추구해야 한다고 라투르는 주장한다. 생성의 개념은 의도적으로 반작용의 역량을 지닌 수많은 행위자들 사이의 갈등을 부각시킨다. 그것은 오직 인간이 사용하기 위해 상품을 생산하는 것을 포기하고, 애착을 배양함으로써 비인간들을 포함한 모든 지구족Terrestrial을 생성하는 것을 추구한다. 따라서 의존성은 새로운 형태의 권위가 될 수 있고, 기후협정을 맺는 국가들의 정치를 이미 안내하는 원칙이 되었다.

둘째, 생성시스템은 인간에게 부여하는 역할이 다르다. 근대인에게 인간은 다른 모든 객체와 같은 '자연적' 존재이거나 또는 자신을 자연으로부터 분리할 능력이 있는 주체 즉 '사회적' 존재였다. 그런데 기후변화는 이 양자의 정의를 모두 불가능하게 만들었다. 따라서 이런 정의들 대신에 라투르는 우리가 인간이란 용어를 모두 포기하고 스스로를 '지구족'의 일원이라 부를 수 있지 않느냐고 제안한다.

셋째, 두 시스템은 책임지는 운동의 유형에서 차이가 있다.

근대인은 메커니즘을 따르는 데 만족하지만, 지구족은 새로운 변화를 창출하는 발생genesis의 운동에 관심을 가져야 한다. 생성시스템은 생산시스템과는 달리 인간만이 저항할 능력이 있는 외로운 존재가 아니라 비인간들 역시 변화의 행위자로서 행동할 가능성을 창출하기 때문에, 이는 인류세에 "지구족을 위한 투쟁에 나설 잠재적 동맹자의 폭을 상당히 늘려 줄 것이다"(ibid.: 88). 이 면에서 지구족은 아직 제도화된 존재는 아니지만 근대인이 '자연'에 부여한 정치적 역할과는 분명히 다른 역할을 하는 행위자이다. 따라서 생산시스템과 생성시스템 사이의 모순은 "단순히 경제학의 문제가 아니라 문명 그 자체의 문제인 것이다"(ibid.: 89).

*Down to Earth*에서 개략적으로만 제시된 라투르의 이러한 아이디어에 영감을 받아서 본격적으로 인류세의 새로운 계급 이론을 정립하려는 연구를 하고 있는 학자가 바로 코펜하겐대학의 사회학과 박사과정생인 니콜라이 슐츠이다. 라투르의 생성시스템 안에서 계급들은 생산의 과정에서 그들이 차지하는 경제적 위치에 의해 정의되는 것이 아니라, 생성의 과정에서 그들이 차지하는 영토적 위치에 의해 정의된다고 슐츠는 본다(Schultz 2020). 따라서 경제적 자원에 대한 접근에 의해 정의되는 사회적 계급들과는 달리, 지구 사회적 계급들은 사회집단들이 번영하고 생존하도록 허용하는 보다 광범위한 존재의 물

질적 조건들(예: 땅, 식량, 물, 옷, 집 등)에 대한 의존과 접근에 의해 정의되는 것이다. 즉 사회적 계급들은 생산의 수단에 대한 그들의 소유에 의해 정의되지만, 지구사회적 계급들은 재생산의 수단 또는 생존의 수단에 대한 그들의 접근에 의해 정의된다고 요약할 수 있다.

따라서 21세기 지구 사회적 계급투쟁을 정의하고 차크라바티가 말한 '지구–역사geo-story'(Chakrabarty 2009)의 방향을 형성하는 것은, 다름이 아니라 존재의 그러한 수단과 조건에 대한 투쟁 즉 거주 가능한 땅, 흙, 영토 및 생존기회들에 대한 투쟁이다. 지구 사회적 계급들의 상이한 위치를 정하기 위해서는 먼저 사회집단들을 정의하는 재생산의 연결망들을 규명할 필요가 있다. 상이한 사회집단들이 그들의 존재, 재생산, 생활양식에 속하도록 허용하는 물질적 조건들은 무엇인가? 이 질문에 답하기 위해서 우리는 상이한 사회집단들이 살고 재생산하기 위해 의존하는 물질적 조건들의 리스트를 작성함으로써 각 사회집단이 어떤 영토 또는 땅에 사는지 묘사할 필요가 있다. 사람들의 생계를 확립해 주는 다소 거주 가능한 연결망들은 무엇인가? 상이한 사회집단의 존재를 뒷받침하는 요인들-예컨대 숨쉴 공기, 교통, 에너지, 물, 식품, 봉급, 노동권, 정책 등-은 무엇이고 여기에 사회집단들이 접근하도록 허용하거나 불허하는 요인들은 무엇인가?

이러한 경험적 조사의 절차를 따라갈 경우 우리가 조만간 부딪히게 되는 것은 그러한 리스트가 사회집단마다 매우 상이할 것이라는 점이다. 예를 들면, 우리가 존재의 물질적 조건을 조사하는 것이 인도의 농민 집단이냐, 덴마크의 어민 집단이냐, 아니면 스위스의 은행가 집단이냐에 따라 그것은 매우 상이할 것이기 때문이다. 이들 사회집단의 재생산을 허용해 줄 존재의 연결망들은 서로 매우 상이하게 나타날 것이고, 이들 집단이 생계를 의존하고 접근할 수 있는 물질적 조건들은 더 좋거나 나쁜 생존 기회에 해당할 것이다. 그렇지만 다른 한편 이러한 리스트는 어떤 집단이 존재의 일부 물질적 조건을 다른 집단들에 비해서 어떤 집단들과 공유하고 있음도 보여 줄 것이다. 아마도 그것은 한국의 노동자들이 모두 동일한 공장에서 일하는 것은 아니지만 노동계급으로 분류하는 것이 가능한 것과 마찬가지로, 꼭 동일한 조건은 아니지만 그 집단들을 하나의 집합체로 재분류하기에 충분할 만큼 유사하면 족하다. 다른 말로 하자면 생성의 과정에서 재생산 조건의 분포는 클러스터들을 창출하는데, 이 클러스터들은 집단들 간의 유사성과 비유사성을 우리가 알아볼 수 있게 나타낼 것이다.

따라서 먼저 상이한 집단들이 살아가는 땅을 확인하고, 다음으로 그 집단들의 재생산 수단 사이의 유사성과 비유사성을 그려 냄으로써 그들을 클러스터들로 재분류하며, 이 클러스터들을 서로 비교해 보면, 우리는 어떤 지구사회적 계급의 모습과 그 계층화 그리고 그 권력구조를 보기 시작할 수 있을 것이다. 또한 그러한 묘사들이 우리에게 알려 주는 것은 어떤 집단의 생활양식이 다른 집단(들)의 존재 조건을 보다 좋게 또는 나쁘게 만드는가이다. 즉 지구 사회적 집단들을 확인하고, 재분류하며, 서로 비교함으로써, 우리는 누가 다른 누구의 영토를 점유하고 있는가를 즉 누가 누구를 착취exploitation하고 있는가를 그려 낼 수 있다. 이것은 마르크스의 사회적 계급에서의 착취와는 다른 중요한 변화이다. 생성시스템에서 착취는 더 이상 생산수단의 소유로부터 취하는 잉여가치에 기초하지 않기 때문이다. 대신에 이제 착취는 어떤 집단의 생활양식이 다른 집단이 거주 가능한 영토를 차지할 가능성을 빼앗음으로써 취하는 '잉여존재surplus existence'에 기초한다. 즉 그것은 다른 사람들의 흙에 기생하고, 다른 사회집단들이 비옥한 영토를 차지하는 걸 불허하며, 타자들이 거주 가능한 흙에 접근하는 걸 불허하는 생활양식이다.

생활의 공간적 확장이 어떤 집단으로 하여금 다른 집단들이 그렇게 할 가능성을 희생하면서 재생산을 하게 만들 경우, 우리는 그것을 착취라고 말할 수 있다. 바로 여기에 사회적 계급이 아니라 지구 사회적 계급이 지닌 핵심적 특징이 있다. 사회적 계급은 생산시스템에서의 경제적 위치에 따라 정의되며 그 착취의 성격은 잉여가치를 통해 확인되는 반면에, 지구 사회적 계급은 생성시스템에서의 재생산을 허용하는 존재의 물질적 조건에 의해 정의되며 그 착취의 성격은 어떤 생활양식이 타자로 하여금 거주 가능한 영토를 차지하지 못하도록 막는 것으로 정의된다. 이와 같은 정의는 아직 모호하게 보이지만, 그것은 현재 생성시스템에 대한 연구가 초기 단계이기 때문이다. 그러나 기후위기와 팬데믹 하에서 이미 뚜렷이 나타난 세계적 불평등 심화는 사람들로 하여금 영토적 조건이 특권과 계급 이해관계를 정의하며 미래에도 그럴 것이라는 사실을 잘 알게 만들었다. 다만 그들은 그것을 구체화할 언어가 없을 뿐이다. 따라서 오늘날 사회과학자들의 가장 급박한 임무 중 하나는 우리의 신기후체제에서 사회집단들의 재생산을 좌우하는 존재의 물질적 조건을 생성시스템에 따라 재분석함으로써 이러한 언어를 개발하는 것이라고 슐츠는 주장한다. 다음은 이러한 내용을 그가 요약한 표이다(*ibid.*: 311).

	사회적 계급	지구사회적 계급
사회의 '기초'는?	생산시스템	생성시스템
계급의 확인 방법은?	생산수단에 대한 소유로 정의되는 경제적 위치	재생산수단에 대한 접근으로 정의되는 영토적 위치
착취의 양식은?	영여가치: 노동의 착취로부터 생기는 경제적 이윤	잉여존재: 타자들의 땅에 대한 착취로부터 생기는 영토적 이윤
계급투쟁이란?	생산수단에 대한 투쟁	재생산수단, 거주 가능한 땅에 대한 투쟁
동맹 세력은?	생산시스템에서 당신의 위치를 공유하는 사람들	물질적 존재조건의 종류를 공유하는 사람들
적대 세력은?	생산시스템에서 당신의 위치를 공유 않는 사람들	당신의 영토를 점유한 사람들

위에서 간략히 소개한 바와 같은 라투르의 가이아 정치 생태학과 슐츠의 지구사회적 계급 이론이 만나서 보다 확실하고 구체적으로 신기후체제에 요구되는 새로운 계급운동을 제시하고자 시도한 것이 바로 *Mémo sur la nouvelle classe écologique* 책이라고 보인다. 오늘날 전지구적인 기후위기와 팬데믹에도 불구하고 아직 기존 '근대화'의 정치를 대체할 만한 '생태화'의 정치가 출현하지 못하고 있는 현 상황에서, 라투르와 슐츠는 생성시스템에 기초한 지구사회적 계급들의 하나로서 '생태 계급ecological class'이 출현하여 이러한 생태화의 정치를 주도할 수 있는 조건들을 76개항의 메모 형식으로 밝혀 주고 있다. 이는 마치 19~20세기에 사회진보를 위하여 노동계급

이 앞장서 투쟁하였던 것과 비슷하게 21세기 생태 위기의 해결을 위한 투쟁이라는 역사적 역할을 이 생태 계급에게 부여하는 것으로 느껴진다. 바로 이 면에서 이 책은 1848년에 마르크스와 엥겔스가 노동계급의 정치운동을 위해 공저한 팸플릿 「공산당 선언」을 나에겐 연상하게도 만든다. 다만 이 책은 마르크스와 엥겔스의 역사적 유물론이 아니라, 생태적 유물론이라고 불릴 수 있는 일종의 신유물론에 바탕을 두고 있다는 점이 다르다.

이번에 라투르와 슐츠의 책이 빠르게 번역되어 나온 것은 국내의 정치에도 큰 함의를 지닌다고 보기 때문에 매우 반가운 일이다. 2022년 3월의 대통령선거에서 보았듯이 기존의 양대 정당은 진보/보수를 각각 표방하였지만 모두 경제성장을 지상 목표로 추구하는 '근대화' 정치의 패러다임에서 벗어나지 못했기 때문에 기후변화를 비롯한 생태 위기는 그 국내·외적 중요성에도 불구하고 다시 뒷전으로 밀려나 대선의 주요 의제가 되지 못하였다. 그 결과 그동안 생태 위기의 의제화와 해결을 위해 열심히 운동을 해 왔던 국내의 정당과 시민단체들은 또 한번 커다란 좌절과 허탈감을 느껴야 했다. 부디 이 책이 국내의 이러한 답답한 상황을 타개하고 앞으로 '생태화'의 정치를 힘차게 열어 가기 위한 새로운 자극과 지침서가 되기를 바란다. 아직 우리나라에서 '근대화' 정치가 강고히 지배하고 있

는 것은 대부분의 사람들이 이원론에 기초한 생산시스템 관점
에서 세계를 이해하기 때문이고, 이원론을 벗어난 생성시스템
관점에서 세계를 새롭게 바라보는 일은 거의 시작도 안 했다
고 나는 느끼기 때문이다.

라투르가 영국 신문 *The Guardian*지에 게재한 글(2021년 12월 24일)

✹

팬데믹은 우리의 유일한 집인 지구를 우리가 돌봐야 한다는 경고이다

어떤 끝나지 않는 위기가 하나의 생활방식으로 변하는 순간이 있다. 코로나 팬데믹이 바로 이러한 경우인 것 같다. 과연 정말 그렇다면, 팬데믹으로 인해 우리가 처하게 된 영구적인 상태를 탐구하는 것이 현명하다. 한 가지 명백한 교훈은 루이 파스퇴르와 로베르트 코흐의 발견들로 미생물이 처음 가시화되었을 때 배운 것처럼, 사회들은 병원균과 함께 사는 법을 다시 한번 배워야 한다는 것이다.

파스퇴르와 코흐의 발견들은 미생물 삶의 단지 한 측면에 관한 것이었다. 이와 더불어 우리가 지구시스템의 다양한 과학들을 고려할 경우, 바이러스와 박테리아의 또 다른 측면이 전면에 나타난다. 지구의 오랜 지구화학적 역사에 걸쳐서, 미생물은 곰팡이 및 식물과 함께 바로 우리 인간이 살고 있는 환경을 구성하는 데 필수적이었고 또 여전히 필수적이다. 팬데믹은 우리가 그들과 함께 얽혀져 있는 이 살아 있는 존재들의 침입적인 현존을 결코 피할 수 없을 것이란 점을 우리에게 보여주었다. 그들은 우리의 행위에 반작용react한다. 따라서 그들이 돌연변이할 경우에 우리 역시도 돌연변이가 되어야만 한다.

이 때문에 코로나 바이러스에서 살아남을 수 있도록 시민들에게 부과된 많은 국가적 봉쇄들은 인류가 영원히 붙잡혀 있는 것으로 보이는 상황에 대한 강력한 비유analogy라고 여겨진다. 그동안 봉쇄는 충분히 고통스러웠지만, 부분적으로 백신 접종에 힘입어 사람들이 정상생활 비슷한 것을 재개할 수 있도록 만드는 여러 가지 방법이 발견되었다. 그러나 모든 생명 형태들이 지구의 한계 안에서 사실상 영원히 봉쇄돼 있음을 고려한다면 그러한 재개의 가능성은 없다. 이 때 "지구"라는 말로 나는 (천문학자가 말하는) 우주로부터 볼 수 있는 행성을 뜻하지 않는다. 대신에 내가 뜻하는 건 수십억 년에 걸친 진화의 오랜 노동에 의해 거주 가능한 환경으로 변모한 지구의 매우 표면적인 얇은 막, 우리가 살고 있는 지구의 얇은 층이다.

이 얇은 매트릭스는 지구화학자들이 "임계영역critical zone"이라고 부르는 것으로서, 지구 생명이 번성할 수 있는 유일한 지구 층이다. 우리가 돌보는 모든 것과 우리가 이제까지 마주쳐

온 모든 것이 존재하는 곳은 바로 이 유한한 공간이다. 우리가 지구에 묶인 존재라는 것을 피할 수 있는 길은 없다. 청년 기후 운동가들이 "행성B는 없다"고 외치듯이. 바로 여기에 지난 2년 동안 우리가 경험한 코로나 봉쇄들과 우리 스스로가 속한 훨씬 더 크고 결정적인 봉쇄 상태 사이의 연결이 있다. 즉 우리 스스로가 이미 비가역적으로 변형시킨 환경 속에 우리가 갇혀 있다는 사실이다.

만일 우리의 사회관계를 형성하는 바이러스의 행위성agency을 우리가 팬데믹을 통해 알게 되었다면, 이제 우리는 이러한 사회관계들이 또한 기후위기와 더불어 우리의 행위에 대한 생태계의 빠른 반작용에 의해 영원히 주조될 것이라는 사실을 고려해야만 한다. 우리가 새로운 공간 속에 살고 있다는 느낌은 로컬 수준뿐만 아니라 글로벌 수준에서 다시 나타난다. 거대한 뚜껑이 자신의 영토 위에 놓여 있다는 감각이 없다면 왜 모든 국가가 글래스고에 모여(2021년 11월 COP26) 지구 온도 상승을 합의된 한도 이하로 만들려고 회의를 하겠는가? 푸른 하늘을 올려다볼 때, 당신은 지금 당신이 그 안에 봉쇄돼 있는 일종의 돔 아래에 있다는 것을 인식하지 못하는가?

무한한 공간이란 것은 사라졌다. 이제 당신은 자신의 건강과 재산에 대해 당신이 책임이 있는 것과 마찬가지로 이 위압적 돔의 안전에 대한 책임이 있다. 그것은 당신의 신체와 영혼을 무겁게 짓누른다. 이러한 새로운 상태 하에서 살아남기 위해 우리는 일종의 환골탈태를 겪어야만 한다.

이러한 혼란스러운 변화는 전례가 없을뿐더러 심지어 우주론적이며, 이미 깊은 정치적 분열의 원천이 되고 있다. "당신과 나는 같은 행성에 사는 것 같지 않다"라는 문장은 의견 대립의 유머적 표현으로 사용되어 왔지만, 그것은 우리의 오늘날 현실을 표현하는 참이 되었다. 우리는 실제로 서로 다른 행성에 살고 있다. 부유한 사람들은 민간 소방관을 고용하고 기후 벙커를 정찰하는 반면에, 가난한 사람들은 기후위기의 최악의 결과 속에서 이주하고 고통받으며 죽어 가야 하기 때문이다.

바로 이 때문에 우리 현 시대의 정치적 난제를 오해하지 않는 것이 중요하다. 17세기부터 서구인들은 과거의 닫힌 우주로부터 근대의 무한정한 공간으로 이동해야만 했다. 우주가 열린 공간으로 보였으므로 정치제도 역시 계몽주의가 제공하는 새로운 유토피아적 가능성을 통하여 작동하도록 발명돼야 했다. 오늘날은 그 역의 방향으로 동일한 임무가 현 세대에 떨어진 것이다. 서로 다른 행성들에 속할 만큼 분열된 사람들에 대처하기 위해 어떤 새로운 정치제도를 우리는 발명해야 할 것인가?

팬데믹이 이제 끝날 위기라고 믿는 것은 실수이며, 그보다는 내가 신기후체제('인류세'를 라투르가 부르는 말)라 부르는 다가

온 위기에 대한 완벽한 경고로 보아야 한다. 우리가 공유하는 지구의 상태에 관심을 돌리려면 다시 한번 과학, 인문학, 예술의 모든 자원들이 동원되어야 할 것으로 보인다.